UM LEÃO CHAMADO CHRISTIAN

UM LEÃO CHAMADO CHRISTIAN

Anthony Bourke
& John Rendall

Tradução
Lourdes Sette

Título original: A Lion Called Christian

Editora Nova Fronteira S.A.
Rua Bambina, 25 – Botafogo – 22251-050
Rio de Janeiro – RJ – Brasil
Tel.: (21) 2131-1111 – Fax: (21) 2286-6755
http://www.novafronteira.com.br
e-mail: sac@novafronteira.com.br

Texto revisto pelo novo Acordo Ortográfico

CIP-BRASIL. CATALOGAÇÃO NA FONTE
SINDICATO NACIONAL DOS EDITORES DE LIVROS, RJ

B818l Bourke, Anthony & Rendall, John
Um leão chamado Christian / Anthony Bourke & John Rendall ; tradução Lourdes Sette. – Rio de Janeiro : Nova Fronteira, 2009.

Tradução de: A Lion Called Christian

ISBN 978-85-209-2258-3

1. Memórias. 2. África. 3. Vida selvagem – leões. I. Sette, Lourdes. II. Título.

CDD: 823
CDU: 821.111-3

Para Christian e para nossas famílias,
que não o conheceram.

SUMÁRIO

AGRADECIMENTOS

Na edição de 1971 de *Um leão chamado Christian*, agradecemos às pessoas que ajudaram a tornar a vida de Christian conosco na Inglaterra possível e feliz, e àquelas que o ajudaram a retornar à selva.

Em Londres: Roy Hazle, o comprador do departamento de bichos de estimação da Harrods, e Sandy Lloyd; Jennifer-Mary Taylor, Joe Harding e John Barnardiston, os donos da Sophistocat, a loja de móveis de pinho onde Christian viveu na King's Road; Kay Dew; nossos compreensivos vizinhos na World's End; o reverendo H.R. e a sra. Williamson, Joan e Rod Thomas, na Moravian Close; Unity Bevis-Jones, a melhor amiga de Christian; Amelia Nathan; e Bill Travers e Virginia McKenna, que nos apresentaram a George Adamson.

Em Nairóbi: Monty Ruben, Jack Block, Agneta von Rosen, Ulf e Marianne Aschan, e o Ministério do Turismo e da Vida Selvagem, que autorizou a reabilitação de Christian em Kora.

Em Kampi ya Simba, Kora, norte de Garissa em Tana River: George Adamson; seu irmão, Terence, engenheiro e construtor de estradas; Tony Fitzjohn; seus funcionários,

Stanley e Hamisi Farah; os amigos de infância de George, Nevil Baxendale e seu filho Jonny (afilhado de George); Ken Smith, o superintendente florestal da província de Garissa; a veterinária dra. Sue Harthoorn; o cinegrafista Simon Trevor e o Conselho de Tana River.

Na Collins, a primeira editora que publicou o livro, *Sir* William Collins e nosso então editor Adrian House; Derek Cattani, por suas fotografias na Inglaterra e no Quênia; Toni Rendall e Mandy Barrett, que digitaram nosso manuscrito original.

Infelizmente, algumas dessas pessoas importantes não estão mais entre nós, incluindo *Sir* William Collins, George Adamson e Bill Travers. George teria adorado o ressurgimento do interesse por seu trabalho com leões e pela vida de Christian. A George Adamson Wildlife Preservation Trust continua patrocinando projetos de preservação de grande porte em homenagem a George.

Agradeço também a Caroline Michel, Alexandra Henderson, Lauren Miller Cilento, Pat Bourke, Lindy Bourke e Sally Gaminara por sua ajuda e seus conselhos na produção deste livro.

Anthony ("Ace") Bourke e John Rendall
2009

PREFÁCIO

Por George Adamson

Em abril de 1970, recebi uma carta de um amigo de Londres, Bill Travers, contando-me sobre "Christian", um leão inglês de quinta geração, e me perguntando se eu estaria disposto a pegá-lo e reabilitá-lo à selva de seus ancestrais. A ideia me atraiu muito, não somente porque salvaria Christian da vida em cativeiro, mas também porque seria, quase certamente, a primeira vez que um leão inglês teria sido devolvido à vida para a qual nasceu.

Eu tinha confiança de que, apesar de sua criação, chegaria o momento em que seu conhecimento inato e seus instintos logo se imporiam. Devo admitir que eu não sentia a mesma confiança com relação a seus dois donos, quando soube que acompanhariam Christian e passariam algumas semanas no meu acampamento. Disseram-me que eram bem "moderninhos", usavam cabelos compridos e roupas exóticas. Minha primeira visão, no aeroporto de Nairóbi, das calças boca de sino cor-de-rosa e dos cachos esvoaçantes confirmou minhas impressões. Porém, Ace e John logo me fizeram recuperar a fé na geração moderna. Imediatamente, senti os profundos laços de afeto e confiança entre eles e Christian. Sei, por experiência própria, como deve ter sido difícil para eles deixarem Christian enfrentar as adversidades e os perigos inevitáveis que esperam por um leão na selva.

No momento em que escrevo, Christian tem quase dois anos de idade. Ele se sente tão à vontade na selva que é como se tivesse nascido lá. Exceto por uma fase inicial de adaptação, ele não precisou de qualquer treinamento. Como sempre, a maravilhosa fonte de conhecimentos inatos lhe mostrou o caminho.

Kampi ya Simba, Kora
15 de julho de 1971

INTRODUÇÃO

Em 1971, escrevemos *Um leão chamado Christian*, a história de um leão de Londres que voltou para a África. Agora, quarenta anos depois, o YouTube apresentou Christian a uma nova plateia, que ficou intrigada e encantada com sua história extraordinária.

Éramos dois jovens australianos viajantes que havíamos acabado de chegar a Londres e, inesperadamente, comprado um filhote de leão da loja de departamentos Harrods. Vivemos com ele em Londres, depois no interior da Inglaterra, até que conseguimos que ele voltasse para o Quênia e fosse reabilitado por George Adamson, que ficou famoso com o filme *A história de Elza*.

Foram feitos dois documentários — *The Lion at World's End* [O leão da World's End] e *Christian the Lion* [Christian, o leão] — sobre George Adamson reunindo uma alcateia de leões e sobre o retorno de Christian à selva. O clipe do YouTube registra nosso inesquecível reencontro com um leão agora muito maior, quando de nossa volta ao Quênia, um ano depois, em 1971.

Temos orgulho da edição de 1971 deste livro, escrito quando tínhamos vinte e poucos anos, e esta edição revisada e atualizada permanece fiel ao texto original. No entanto, aproveitamos a oportunidade para acrescentar novas informações, fazer alguns esclarecimentos e, em certos momentos, tentar nos expressar melhor.

Quarenta anos depois, algumas de nossas memórias estão muito vívidas e outras, mais vagas. Consultamos dois livros muito bons que mencionam Christian e que foram publicados posteriormente: a autobiografia de George Adamson, *My Pride and Joy* [Meu orgulho e felicidade], de 1986, e o livro de Adrian House, *The Great Safari: The Lives of George and Joy Adamson* [O grande safári: as vidas de George e Joy Adamson], de 1993. Esses livros confirmaram a cronologia de alguns eventos específicos e nos forneceram novas informações. Outra fonte foram as cartas que Ace havia escrito para seus pais naquela época, cartas que até recentemente Ace desconhecia que tinham sido guardadas. A primeira edição de *Um leão chamado Christian* foi concluída em 1970, e esta nova edição foi atualizada de modo a incluir nossas visitas a Christian em 1971 e 1972.

O livro está sendo reeditado em resposta ao grande interesse pela história de Christian gerado pelo vídeo do

YouTube que mostra nosso encontro em 1971. No final de 2007, começamos a receber e-mails nos alertando de que cenas do reencontro estavam sendo exibidas no YouTube. Não sabemos quem as colocou lá, e não saberíamos como fazer isso sozinhos, mesmo se tivéssemos cogitado a ideia. De fato, não acompanhamos o interesse, mas, no início de 2008, tomamos conhecimento de que o vídeo tornava-se cada vez mais popular. Ele estava sendo enviado ao mundo inteiro, na forma de um daqueles e-mails "envie para um amigo", com a versão de Whitney Houston para a extremamente comovente "I Will Always Love You" como trilha sonora. As vizualizações no YouTube começaram a atingir a casa dos milhões, e outros sites surgiram. Ocasionalmente líamos os comentários, mas nos sentíamos como observadores de nossas próprias vidas. A maioria das pessoas achava o vídeo extremamente emocionante, e os comentários eram muito positivos, o que parece ser incomum e foi frequentemente percebido por outras pessoas que comentavam. Tratava-se de uma experiência muito especial que agora era compartilhada por muitos.

A internet é um território não regulamentado, e muitas das informações sobre Christian e sobre nós estavam erradas, sobretudo a ideia de que corríamos perigo quando voltamos a encontrar Christian. Na época, George já conhecia Christian havia um ano e tinha certeza de que ele nos reconheceria e cumprimentaria, embora admitisse mais tarde que não esperava uma demonstração de afeto tão exuberante.

Foi então que a apresentadora americana de televisão Ellen DeGeneres mostrou o vídeo e convidou Virginia McKenna e John a comparecerem ao seu programa. Eles não estavam disponíveis, mas a apresentação do vídeo do reencontro levou à sua difusão em muitos outros programas internacionais de televisão e fez os acessos ao site atingirem a marca dos três milhões. Christian se tornou notícia no mundo inteiro. Paramos de acompanhar quando o número de vizualizações no YouTube atingiu quarenta e quatro milhões, e os sites que mostravam o vídeo aumentaram para mais de oitocentos. Produtores de Hollywood começaram a ligar. Paródias engraçadas passaram a ser postadas, e um desconhecido inscreveu Christian no Facebook, onde ele agora tem muitos amigos.

A história de Christian ficou bastante conhecida em 1971. O livro foi publicado em quatro línguas e seriado em muitas revistas. Os documentários *The Lion at World's End* e *Christian the Lion* foram repetidamente exibidos na televisão em muitos países. Depois, naturalmente, o interesse gradualmente diminuiu e, à medida que os anos passavam, a memória da experiência se tornou tão surreal que nos parecia um sonho secreto, uma fantasia ou mesmo uma alucinação.

Na última vez, no início da década de 1970, as pessoas conheciam a história inteira — a novidade de um leão londrino retornando para a África. Porém, dessa vez, por causa dos poucos minutos filmados de nosso reencontro em 1971, o foco foi na relação carinhosa que tivemos com um animal teoricamente selvagem, que crescia rapidamente, e na recepção extraordinariamente calorosa que ele nos deu um ano depois. O interesse e os comentários atenciosos nos impressionaram muito e nos deram a oportunidade de refletir sobre a experiência tantos anos depois. Joanna C. Avery enviou um e-mail dizendo que sentia que éramos capazes de superar os estereótipos que a sociedade impõe aos animais, diminuindo as diferenças entre nós e revelando nossas semelhanças.

Tentamos entender por que o vídeo provocou uma reação tão emotiva em milhões de pessoas. Será o amor incondicional que Christian demonstrou? Trata-se de crescimento e separação? Trata-se de perda, solidão e alegria do reencontro? Será que as pessoas estão projetando seus sentimentos e necessidades em relação a seus próprios bichos de estimação, e o consolo e o companheirismo que eles nos oferecem? Com o domínio da tecnologia e dos jogos de computador sobre as atividades ao ar livre, estamos todos agora alienados demais da natureza? Trata-se da nostalgia por um tempo em que a infância era mais despreocupada e segura, com mais liberdade e tempo para aventuras juvenis?

A internet revolucionou a comunicação e oferece oportunidades ainda inimagináveis para a formação de redes de contato social, o entretenimento e a disseminação de informação, assim como o ativismo social e político. Através da internet, podemos agora participar ativamente das causas nas quais acreditamos. Perguntamo-nos sobre tudo que poderíamos conseguir se trabalhássemos juntos para enfrentar algumas das questões mais urgentes relativas à sociedade, ao meio ambiente e à vida selvagem.

"Vítimas da moda". Ace Bourke (à esquerda) e John Rendall na King's Road com Christian, em 1970.

As cestas de lixo eram primeiro usadas na cabeça, depois destruídas.

1
UM LEÃO COM ETIQUETA DE PREÇO

Nenhum zoológico pode ser considerado completo sem leões. O pequeno zoológico em Ilfracombe, em Devon, no sudoeste da Inglaterra, não era exceção, e o leão e a leoa formavam um par particularmente formoso. O leão fora comprado de um zoológico em Roterdã, na Holanda, e a leoa viera do Zoológico Bíblico de Jerusalém. Tiveram a primeira ninhada em 12 de agosto de 1969; quatro filhotes saudáveis, um macho e três fêmeas. Nove semanas depois, com o fim do verão e sem as multidões de turistas para entreter, duas fêmeas filhotes foram enviadas a um comerciante de animais e, em seguida, compradas por um circo. A fêmea e o macho remanescentes foram vendidos à Harrods, uma loja de departamentos situada em Knightsbridge, e enviados para Londres de trem. Os quatro filhotes pareciam destinados, como foram seus pais, a uma vida de frustrações.

Três meses antes dos filhotes nascerem, deixamos a Austrália pela primeira vez, inseguros, mas otimistas. Formados pela universidade, tivéramos vários empregos, sem um caminho profissional claro naquela altura. Dirigimo-nos para Londres, como muitos jovens australianos haviam feito antes de nós. Exemplos famosos incluem o comediante Barry Humphries; o jornalista e apresentador Clive James; a acadêmica e escritora Germaine Greer; os artistas Sidney Nolan, Brett Whiteley e Martin Sharp; o comentarista social Richard Neville; e, mais recentemente, a cantora Kylie Minogue. Alguns australianos viajaram por terra, cruzando a Ásia e o Oriente Médio, o que é difícil — se não impossível — hoje em dia. Viajamos separados por vários meses, mas nos encontramos inesperadamente em Londres, no final de novembro de 1969. Não somos exatamente turistas típicos, mas um dia, num rompante incomum de entusiasmo, visitamos, entre outros pontos turísticos, a Torre de Londres. Decidimos que um contraste apropriado seria nossa primeira visita à Harrods. Sabíamos que a Harrods se gabava de ser capaz de fornecer qualquer coisa, a um determinado preço, claro. Certa vez, um amigo perguntara se eles vendiam camelos e lhe perguntaram: "O senhor gostaria com uma ou duas corcovas?" Mas a Harrods parecia ter superado nossa imaginação, quando, ao passearmos por seu zoológico no segundo andar, descobrimos dois filhotes de leão em uma pequena jaula, entre gatinhos siameses e pastores ingleses. Um filhote de leão com etiqueta de preço não era uma ideia fácil de assimilar. Os filhotes estavam atraindo muitos consumidores, com a perspectiva de se tornarem um presente de Natal para aquela pessoa que já tem de tudo.

Nunca havíamos pensado em leões. Claro que os havíamos visto em zoológicos, mas nosso interesse e conhecimento se limitavam a isso. Nenhum de nós sequer tinha lido o livro de Joy Adamson de 1960, *Born Free* [A história de Elza], a história de uma leoa que fora encontrada quando filhote, criada e devolvida à selva por Joy e seu marido George Adamson, que era um guarda florestal no Departamento de Vida Selvagem do Quênia.

Tivemos pena dos filhotes, pois, apesar dos cuidados dos funcionários, eram incessantemente perturbados por consumidores curiosos. No entanto, tivemos que reprimir o mesmo impulso em nós mesmos. Cada pessoa exigia uma resposta. A fêmea rangia os dentes de uma forma alarmante, e as pessoas ficavam satisfeitas, mas seu irmão fingia que nenhum de nós existia. Ele era irresistível, e sentamos encantados ao lado da jaula por horas.

John: "Por que não o compramos?"

Ace: "Já o batizei de Christian."

Descobrimos muito mais tarde que os funcionários o chamavam de Marcus, um nome masculino bonito, mas Christian parecia lhe cair bem, e gostamos da ironia dos cristãos [*christians*] terem sido devorados por leões em tempos romanos, o que também era um lembrete do perigo ao qual nós e as pessoas ao nosso redor estávamos expostos.

Sabíamos intuitivamente que estávamos falando sério, e fomos ficando cada vez mais curiosos. Mesmo que fosse apenas por alguns meses, certamente poderíamos lhe oferecer uma vida melhor do que aquela e tentar garantir-lhe um futuro melhor. Ou será que apenas queríamos tirar Christian das outras pessoas e tê-lo só para nós? Nenhum de nós jamais fantasiara ou sonhara ter um bicho de estimação exótico, mas ele era completamente irresistível.

De repente, nossas vidas ficariam incompletas sem um filhote de leão. Uma ideia impossível para dois jovens australianos em visita à Europa, mas ao menos podíamos nos dar ao luxo de analisar a possibilidade de comprá-lo. Perguntamos se ele ainda estava à venda. A fêmea fora vendida, mas o macho ainda estava disponível por duzentos e cinquenta guinéus, equivalentes em 2009 a três mil e quinhentas libras esterlinas. Isso era muito dinheiro para nós, mas, destemidos, concordamos tranquilamente que parecia um preço bem razoável. A assistente do zoológico sugeriu que falássemos com o comprador da Harrods. Ela fez questão de nos avisar que ele estava entrevistando os possíveis compradores com muito cuidado, já que a Harrods acreditava ser importante que os leões não caíssem em mãos irresponsáveis.

Voltamos na manhã seguinte com aparência bem mais respeitável, com nossos cabelos primorosamente penteados e vestindo paletós de *tweed* que nossos pais, com grande discernimento, haviam insistido que seriam úteis no estrangeiro, mas que até aquele momento haviam ficado intocados no fundo de nossas malas. Conseguimos, com a ajuda de umas mentirinhas inocentes e de nosso entusiasmo, convencer Roy Hazle, o comprador da Harrods, de que seríamos guardiões/pais adotivos responsáveis para um leão. Agora, quando a Harrods estivesse preparada para se separar dele, seríamos os primeiros na lista para comprar Christian.

Até aquele momento, tudo parecia muito natural e fácil. Fomos fazer compras e vimos um leão de que gostamos e agora queríamos comprá-lo, mas só poderíamos pegá-lo em três semanas. Dividíamos um apartamento pequeno na King's Road, em Chelsea, em cima de uma loja que nos oferecera trabalho, e, em todos os sentidos, não poderíamos estar em condição pior para comprar um animal, muito menos um leão. Gastamos vários dias inutilmente visitando corretores imobiliários, procurando um apartamento de subsolo com um quintal "para nosso cachorro". Não fazia sentido dizer a verdade, quando seriam os proprietários que realmente tomariam a decisão. Estávamos ficando muito desanimados, quando então decidimos colocar um anúncio no *The Times* pressupondo que o proprietário corajoso ou excêntrico que não conseguimos encontrar provavelmente fosse um leitor daquele jornal.

FILHOTE DE LEÃO, 2 rapazes procuram um apartamento/casa, quintal/terraço apropriado em Londres, 352 7252.

As únicas respostas que recebemos foram uma enxurrada de telefonemas de outros jornais, querendo prematuramente fotografar o leão.

No desespero, nossa última esperança era convencer os donos da loja, Joe Harding, John Barnardiston e Jennifer-Mary Taylor, de que, além de nós como empregados, seu negócio realmente precisava de um filhote de leão residindo nas instalações, sobretudo porque a loja se chamava Sophistocat ["Sofistogato"]. John Barnardiston, por ser inglês, era precavido por natureza e, felizmente, estava na Suíça na época. Joe Harding nasceu no Quênia, havia tido vários animais e não fazia qualquer objeção, e Jennifer-Mary ficou entusiasmada. Ficou decidido que Christian viveria no porão da loja e que isso seria uma surpresa para John quando ele voltasse da Suíça. Já que viveríamos em cima da loja e trabalharíamos lá, parecia o esquema ideal, pois poderíamos dedicar toda a atenção a Christian que achávamos ser necessária. Embora a Sophistocat tivesse um porão enorme, com vários cômodos, também precisávamos encontrar um jardim para ele se exercitar.

Felizmente, tínhamos amigos que viviam em um estúdio a apenas trezentos metros da loja, com acesso ao jardim mais apropriado do mundo. Totalmente fechado e medindo três mil metros quadrados, ele ainda pertence à Igreja Moraviana. O pastor era um ornitófilo fervoroso, mas não se opunha a ampliar seus interesses zoológicos, e muito generosamente nos deu permissão para usarmos o jardim. Assim, nos sentimos confiantes em garantir à Harrods que atendíamos a todas as exigências práticas para sermos proprietários de um leão em Londres.

Claro, pensando melhor tantos anos depois, nunca deveriam ter nos deixado comprar um leão. Éramos ingênuos quanto aos riscos e não tínhamos seguro algum. Desde a aprovação na Inglaterra da Lei de Espécies em Risco de Extinção, de 1973, a Harrods não mais comercializa animais exóticos, e agora só existe um "pet shop", em vez de um "zoológico". Agora percebemos que comprar animais selvagens e exóticos apenas incentiva o aumento do tráfico desses seres.

Porém, enquanto nossa empolgação aumentava, ficávamos cada vez mais preocupados com nossa total ignorância com relação aos tipos de problemas que enfrentaríamos. Não tínhamos uma ideia realista sobre até que ponto um leão poderia ser domesticado e estávamos conscientes de que poderíamos estar assumindo uma tarefa impossível e inútil. Crescêramos em lares que adoravam animais, mas isso não nos preparara para o que estava por vir.

Ace foi criado em Newcastle, cidade ao norte de Sydney, em New South Wales. Viveu próximo à zona rural, andava a cavalo e sempre teve cachorros como animais de estimação, embora aos onze anos tenha encontrado seu primeiro gato no terreno baldio logo ao lado. Passou muitas férias com a família acampando e pescando no litoral e no interior.

John cresceu em Bathurst, grande cidade do interior, a duzentos quilômetros de Sydney, onde os animais de estimação de sua família incluíam gatos, vários cães kelpie e, frequentemente, jovens cangurus, resgatados quando suas mães foram atropeladas ou abatidas a tiro por serem animais daninhos. Os coelhos também eram considerados nocivos. Eles e seus predadores, as raposas, são ambos exemplos de uma importação desastrosa de animais que causou um enorme dano ambiental às espécies nativas e a seus hábitats.

Na Harrods, nos disseram que os filhotes haviam sido criados por humanos desde que nasceram, e que os dois, sobretudo Christian, respondiam a afagos. Ele era o favorito e parecia ter um temperamento alegre e calmo. Sempre que podíamos, íamos à Harrods para brincar com os filhotes, quando os deixavam sair da jaula por uma hora após o fim do expediente. Queríamos passar o maior tempo possível com Christian, pois a transição para a Sophistocat e para a King's Road seria mais fácil se ele estivesse familiarizado conosco. Os dois filhotes eram excessivamente brincalhões e, embora fosse possível lidar com eles, por vezes eram bastante incontroláveis. Tinham dentes extremamente afiados e garras que ainda não tinham aprendido a controlar, sendo difícil evitar ser arranhado. Christian era definitivamente mais receptivo do que sua irmã, e esperávamos que ele fosse menos agitado e mais controlável quando fosse separado dela.

Roy Hazle sugeriu sensatamente que, antes de tomarmos a decisão final de comprar Christian, falássemos com Charles Bewick e Peter Bowen, que tinham comprado uma puma da Harrods no ano anterior. A puma, que se chamava Margot em homenagem à amiga da família Margot Fonteyn, a primeira bailarina, agora estava completamente crescida e, embora parecesse ter se adaptado à vida em Londres, nunca nos sentimos realmente à vontade com ela. Garantiram-nos que tinha um histórico de comportamento impecável e, uma vez que Peter e Charles puderam lhe dedicar tempo considerável, ela estava suficientemente domesticada para conviver muito feliz com eles. Era animador, pois eles obviamente achavam toda a experiência agradável e muito menos complicada do que previram.

Percebemos que era pouco provável que conseguíssemos manter Christian por mais de seis meses. Ele rapidamente se tornaria grande demais para qualquer ambiente que lhe pudéssemos oferecer. Estávamos determinados a tornar aqueles meses os mais felizes e seguros para ele, mas seria justo que depois acabasse voltando para um zoológico? Certamente, isso tornaria tudo muito mais difícil para ele, e toda a aventura algo meramente prazeroso e maravilhoso para nós. Decidimos visitar o parque de safári Longleat, em Wiltshire, no interior da Inglaterra, para ver se seria apropriado para Christian. O parque, resultado de uma parceria entre o marquês de Bath e Jimmy Chipperfield, dono de circo, fora inaugurado em 1966. Foi o primeiro parque de safári a abrir fora da África e era inovador no cuidado com os animais, mas polêmico na época, já que a vizinhança temia que os leões pudessem escapar. Estávamos conscientes de que, quando o parque iniciou suas atividades, as premissas básicas sobre os leões se provaram erradas, e houve baixas. Agora, com o parque se estendendo por mais de quarenta hectares e os leões divididos em alcateias, eles pareciam ter criado as melhores condições de vida para leões na Inglaterra. Roger Cawley, o gerente, disse que ficaria encantado em receber Christian quando ele ficasse maior do que nós.

Não apenas tínhamos agora condições de ficar com Christian, mas podíamos também garantir que ele não passaria o resto de sua vida em um zoológico ou circo.

No entanto, ainda tínhamos dúvidas muito sérias. Estávamos de fato preparados para assumir essa responsabilidade enorme e exigente? Não podíamos ignorar o fato de que se tratava de um leão, um animal essencialmente selvagem e o predador mais poderoso depois do homem, que trazíamos para nossas vidas e para as vidas das pessoas ao nosso redor. Sabíamos que uma relação homem/leão viável não era uma impossibilidade, mas não tínhamos certeza de que conseguiríamos isso com Christian. Ele tinha quatro meses e crescia muito rapidamente. Em breve, seria capaz de fazer um estrago considerável. Porém, enquanto um de nós falava sobre nossa imprudência e sobre os riscos, o outro falava sobre a experiência inesquecível e emocionante que tínhamos pela frente. O que finalmente nos uniu foi a oposição implacável da maioria das pessoas que conhecíamos à ideia de comprar Christian. Involuntariamente, eles intensificaram nossa determinação de enfrentar um desafio de que poderíamos, em outras circunstâncias, ter desistido. Sem dúvida, nossos pais ficaram horrorizados, mas apenas nos preveniram sobre uma decisão da qual "vocês podem se arrepender" e sobre como seria "difícil abrir mão de Christian". Era um salto no escuro. Éramos jovens, procurávamos diversão e aventura, deixáramos nossos pais e algumas inibições para trás quando saímos da Austrália. Era o final da histórica década de 1960 e o início da década de 1970, uma época de grandes mudanças sociais, otimismo e oportunidades.

Em 15 de dezembro de 1969, nos telefonaram inesperadamente para dizer que poderíamos pegar Christian alguns dias antes da data prevista. Ele e sua irmã escaparam para o departamento de tapetes adjacente no meio da noite e destruíram alguns tapetes de pele de bode que faziam parte de uma vitrine de Natal. Pegamos Christian no dia seguinte e o levamos de coleira pela saída de funcionários. Os funcionários acenaram em despedida, sem dúvida aliviados por sua responsabilidade ter terminado. Com Christian sentado majestosa e ilusoriamente calmo no banco traseiro do carro, dirigimos até a King's Road, extremamente felizes e nervosamente empolgados, mas com um pressentimento e um medo ocultos de termos nos comprometido com algo que poderia ser grande demais para nós.

Páscoa, 1970. "E ninguém morreu..."

2
SOPHISTOCAT

O trajeto entre a Harrods, em Knightsbridge, e a Sophistocat, em Chelsea, é curto, mas após meses em uma jaula, o mundo de Christian de repente deve ter assumido proporções imensas. Assustado e confuso quando o carro se pôs em movimento, ele saiu nos pisoteando, e tivemos que parar muitas vezes, sem ideia alguma de como poderíamos começar a domesticá-lo. Tentamos acalmá-lo com um imenso urso de pelúcia que compráramos para ele como presente de boas-vindas, mas sua total falta de interesse no brinquedo nos deixou sem ação. Finalmente, chegamos à Sophistocat, onde amigos esperavam impacientemente. Nós o carregamos para dentro da loja e, agora bem mais calmo, Christian vasculhou tudo enquanto se esquivava com facilidade de todas as mãos que tentavam incredulamente acariciá-lo. Ele parecia um pouco desorientado e focava sua atenção mais em nós. Por termos passado um tempo com Christian na Harrods depois da hora de expediente, provavelmente representávamos o único elo com seu passado imediato. Ficamos acordados a maior parte da noite brincando com ele. Christian era nosso.

Um leão vivendo na King's Road, em Chelsea, não era muito surpreendente na época. Na década de 1960, Londres tornara-se a meca para designers, músicos, artistas, fotógrafos e escritores, além de muitas outras pessoas criativas e bajuladores, que faziam parte da *Swinging London*[1]. Os Beatles, David Bowie e os Rolling Stones eram figurinhas fáceis em Chelsea. Estilistas de moda da época incluíam Mary Quant; Barbara Hulanicki, na Biba; Zandra Rhodes; Ossie Clark; e Michael Fish. Animais exóticos faziam parte dessa mistura bastante glamorosa: além da puma Margot, conhecíamos um serval que vivia na vizinhança, enquanto o dono de cassino John Aspinall mantinha tigres e gorilas. Por um quilômetro e meio, a partir da Sloane Square, a King's Road estava lotada de lojas de roupa da moda, restaurantes, boates e feiras de antiguidades. A fachada mudava sempre, mas a característica básica permanecia igual: superficial e pretensiosa, mas muito divertida e atraente. Todos os sábados, a rua era fechada por um desfile empavonado de pessoas e carros caros. Os turistas vinham para assistir, enquanto os outros, vestindo roupas lindas ou berrantes, vinham para ser vis-

1 Algo como "Londres do balanço", alcunha usada para designar a cena londrina dos anos 1960. (N.T.)

tos. Embora as roupas fossem divertidas de usar naquela época, pensando agora, muitos de nós éramos vítimas da moda, e vemos o recente retorno da moda *rétro* da década de 1970 com um constrangimento bem-humorado.

A Sophistocat vendia móveis antigos de pinho e estava situada em uma área curiosa denominada World's End, que historicamente marcava o ponto onde a rua do rei Carlos II e a proteção contra os assaltantes acabavam — uma tradição de falta de decoro que resistia ao tempo. Bem no fim da King's Road, a World's End tornara-se parte da Chelsea da moda, e os moradores locais ressentiam-se da invasão crescente de lojas de antiguidade e roupas elegantes, que incluíam a "Granny Takes a Trip", de Nigel Weymouth, e a butique de Vivienne Westwood e Malcolm McLaren, então chamada "Seditionaries", mais tarde "Sex" e agora "World's End". A música e as roupas punk logo surgiriam bem em nossa ponta menos nobre da King's Road.

Em dois dias, Christian parecia ter se adaptado totalmente à sua nova vizinhança. Qualquer inibição inicial sumiu, e o urso de pelúcia já estava em milhões de pedaços. Obviamente, ele gostava de sua maior liberdade nessa loja grande de dois andares e era bem menos travesso sem sua irmã por perto. Não havia sinal de que ele sentisse saudades dela. Talvez fôssemos como substitutos; e, sem a indiferença comum à maioria dos felinos, ele queria ficar perto de nós. Os leões não são desdenhosos como os gatos e são mais parecidos com os cachorros no quesito sociabilidade. Os leões simplesmente *sabem* que são os maiores e assumem sua superioridade. Agora, com quatro meses de idade, quatorze quilos e pouco mais de meio metro de comprimento, o próprio Christian era um enorme urso de pelúcia. Adorava ser carregado no colo e aconchegado, e colocava as patas carinhosamente em torno de nossos pescoços e lambia nossos rostos. Seu pelo marrom-claro era macio e surpreendentemente marcado por pintas. Embora fosse bem-coordenado, suas patas, cabeça e orelhas eram desproporcionais em relação ao resto do corpo, o que dava uma ideia do tamanho e da força do animal em que se transformaria. Mas eram seus belos olhos redondos e cor de ferrugem que marcavam sua aparência. Ele tinha um temperamento encantador e plácido, e era tão fácil de lidar que sentimos que tínhamos dramatizado além da conta os problemas de ter um leão. Ele estava inclusive treinado para fazer suas necessidades. Com a meticulosidade de todos os felinos, ele e sua irmã usavam o mesmo canto da jaula na Harrods, então estávamos otimistas.

Em um dos cômodos do porão, instalamos um aquecedor e colocamos cobertores para ele dormir em cima. Num canto, colocamos uma bandeja sanitária improvisada do tamanho apropriado para um filhote de leão. Após dois dias de poças e sujeiras, que reprimimos com uma palmada e carregando-o para a bandeja, o problema foi resolvido. Ele aprendeu rapidamente seu nome e a palavra "não". Tudo parecia muito fácil.

Christian era adaptável e receptivo à rotina. Seu dia começava por volta das oito horas, quando um de nós descia ao porão. Embora não parecesse natural, muito frequentemente ele precisava ser acordado, e um leãozinho sonolento e pestanejante nos cumprimentava carinhosamente e andava cambaleante até agachar-se em sua bandeja. Em seguida, era hora de alimentá-lo. A primeira e a última refeição do dia eram uma mistura de comidas para bebê: Complan, Farex e leite, com gotas de Abidec como vitamina adicional. Sandy Lloyd, assistente do zoológico da Harrods que adorava os filhotes de leão e cuidava deles muito bem, preparou uma dieta cuidadosamente balanceada para Christian. Duas refeições principais, dadas no final da manhã e no início da noite, consistindo em trezentos e cinquenta gramas de carne crua, um ovo cru e uma colher de sopa de ossos para prevenir uma deficiência de cálcio. Variávamos a carne e ocasionalmente lhe dávamos um coelho com pelo e tudo. Christian carregava a pele pela Sophistocat durante vários dias, até que finalmente se desintegrasse ou o cheiro se tornasse insuportável. Ele gostava de ganhar ossos imensos para brincar e roer, e como não havia concorrência com outros animais, podíamos manusear sua comida com segurança enquanto comia.

Descobrimos que os preconceitos das pessoas sobre os leões estavam frequentemente errados. Por exemplo, é uma falácia que seja perigoso dar a um animal, como um leão, carne crua, porque teoricamente isso o transformaria em "devorador de gente". Nós olhávamos com inveja os deliciosos bifes que um cozinheiro francês trazia para Christian de vez em quando. O cozinheiro adorava leões e, claro, tinha acesso a um volume imenso de carne. A quantidade que Christian exigia aumentava a cada semana, e sua alimentação se tornou tão cara que lamentamos não podermos torná-lo vegetariano!

Ele brincava sem parar e possuía diversos brinquedos e bolas de borracha espalhados por toda a loja e pelo porão. Cestas de lixo eram seu brinquedo favorito. Primeiro ele as colocava na cabeça, o que obscurecia totalmente sua visão, e depois acabava despedaçando-as. Tivemos que comprar brinquedos resistentes, pois a expectativa de vida média de um urso de pelúcia era aproximadamente dois minutos. Ele exigia nossa constante atenção, sendo impossível ignorá-lo. Se um de nós estivesse lendo o jornal, ou falando ao telefone, Christian subia imediatamente em seu colo. A Sophistocat era uma selva de móveis, e ele nos seguia incessantemente por ela, tornando-se especialista na invenção de brincadeiras. Sabia que não permitiríamos que pulasse sobre nós, mas se esgueirava inteligentemente atrás de um móvel, para que parecesse como se estivéssemos nos escondendo dele para provocá-lo. Então, com a consciência limpa, avançava e saltava sobre nós. Desenvolvemos o hábito de olhar preocupados por cima de nossos ombros. Se o pegássemos congelado em uma posição contraída com olhos atentos e travessos, ele lambia suas patas aparentando indiferença, ligeiramente irritado porque sua diversão fora estragada, pois a brincadeira era nos seguir e pular quando estivéssemos distraídos. Em pouco tempo, aprendemos a adivinhar suas intenções com base na expressão de seus olhos. Ele era sempre agradável e divertido, mas muito exaustivo e exigente.

Quando brincávamos com ele, nós o desencorajávamos de ser muito bruto ou de ficar agitado demais, e não usávamos força em nossas lutas com ele, tampouco o incitávamos a nos caçar. Nunca o deixamos perceber que após um determinado ponto ele se tornara fisicamente mais forte do que nós e que poderia nos machucar. Evitávamos e ignorávamos qualquer manifestação explícita de sua força superior. Às vezes, enquanto brincávamos, se nos pegava em uma posição esquisita ou "alfa" no chão, ele instintivamente sentia que estava em vantagem e tinha uma explosão de energia e determinação que nos alarmava e parecia desconcertá-lo.

Toda manhã, ele ansiava pela chegada de Kay Dew, a faxineira diarista, pois tinha certeza de que ela fora enviada para sua diversão. Ele caçava suas vassouras, andava no aspirador de pó e roubava ou comia seus espanadores. Ela se dava muito bem com ele, mas olhava apreensivamente as manchas de Farex e Complan ficarem cada vez maiores nas janelas e portas de vidro.

Quando chegou à King's Road, Christian era pequeno o bastante para correr pela loja com os clientes. Eles raramente levavam a sério nosso aviso inicial: "Vocês têm alguma objeção a leões?" Uma mulher descrente, ao ver um dos ossos de Christian, disse:

— Esse osso é para um leão.

— Foi isso que tentamos lhe dizer. Olhe atrás de você.

Ela olhou incrédula Christian caminhar vagarosamente para pegar seu osso. Em geral, era bom para o negócio, e os donos da Sophistocat eram incrivelmente tolerantes. Até mesmo os impassíveis ingleses ficavam surpresos com um filhote de leão se alongando em uma mesa de pinho antiga que estavam pensando em comprar. A maioria das pessoas ficava maravilhada, e ninguém reclamou por ter as meias ou as calças rasgadas de vez em quando. Muitas clientes voltavam à loja com os maridos e amigos céticos, e também com um monte de crianças aos sábados, que eram movimentados de qualquer forma por causa do habitual desfile da King's Road. A Sophistocat de repente adquirira uma atmosfera inoportuna de zoológico ou circo. Para evitar essa situação, Christian tinha de passar a maior parte do dia no porão, e só os particularmente frustrados com sua ausência e as mais atraentes eram capazes de nos convencer a levá-los ao porão para vê-lo.

Todas as tardes ele ia ao jardim vizinho da Moravian Close para se exercitar. A Harrods nos dera uma coleira e uma guia, e, embora a coleira parecesse estranha, era necessária, pois tornava mais fácil controlá-lo, e ele rapidamente se esqueceu dela. A princípio, tentamos levá-lo até o jardim na coleira, visto que ficava a apenas trezentos metros. Mas ele nunca andava, apenas corria a toda velocidade por um tempo e depois sentava resolutamente. Ele se apavorava com o trânsito e com as pessoas que se juntavam ao seu redor. Temíamos encontrar outros animais, pois embora não parecesse muito interessado neles, Christian os considerava uma diversão bem-vinda. Durante as primeiras semanas, podíamos simplesmente pegá-lo e carregá-lo no colo, mas ele logo ficou pesado demais, e a caminhada curta se tornou um suplício. Embora tivesse sido mais fácil se ele andasse na coleira, era injusto esperar tal comportamento incomum de um leão, então não insistimos e passamos a levá-lo de carro, ou na caminhonete da Sophistocat. Ele era sempre bem obediente nos automóveis, mas ficava inquieto, já que os leões nunca conseguem aceitar totalmente qualquer forma de restrição.

O jardim era perfeito. Nenhum ser humano, nenhum animal, e além disso era cercado por um muro alto de tijolos. O muro data do período da dinastia Tudor, e o estúdio atual e a velha capela moraviana no jardim foram construídos nas fundações dos estábulos de *Sir* Thomas More. Após uma sucessão de donos eminentes, *Sir* Hans Sloane vendeu a propriedade em 1750 ao conde Zinzendorf da Saxônia, que comprou a terra para fundar um assentamento moraviano na Inglaterra. Os moravianos foram uns dos primeiros protestantes independentes e formaram sua irmandade em 1457, quando protestaram contra a corrupção moral e a atividade política da Igreja Católica romana na Boêmia. Eles receberam o nome de moravianos, em vez de boêmios, por causa do grupo de refugiados da Morávia que se estabeleceu na propriedade do conde de Zinzendorf, na Saxônia, em 1722. O filho do conde, Christian Renatus, conde de Zinzendorf e Pottendorf, está enterrado no jardim. Na verdade, o jardim é um cemitério, mas os moravianos enterravam seus mortos sem qualquer ostentação — na vertical, com lápides horizontais modestas —, portanto, isso não era nem um pouco óbvio. Olhando com a perspectiva de hoje, nos sentimos um pouco culpados por brincar em um cemitério.

Havia um grande gramado para Christian brincar e árvores e cercas para se esconder. Curiosamente, ele levou várias semanas para se acostumar a todo aquele espaço, e inicialmente não se aventurava a ir até o meio do jardim, longe da proteção das cercas. Mas depois o jardim se tornou seu território, e ele o adorava. Christian adorava nos caçar e pular em nós, mas achamos que era desaconselhável encorajar esse hábito em um leão, então, em vez disso, jogávamos bolas de futebol para ele pegar. Christian era extraordinariamente rápido e muito bem-coordenado. Corria atrás da bola, atacava-a e rolava abruptamente com ela várias vezes. Nas poucas vezes em que nevou, ele adorava deslizar na neve e não ficava preocupado com o frio. Passávamos cerca de uma hora todos os dias no jardim, o que parecia suficiente, pois ele raramente relutava em retornar à Sophistocat. Além disso, era a hora de seu passatempo favorito.

No fim da tarde, Christian sentava como um rei na mobília que ficava na vitrine da loja, em destaque, observando as atividades da World's End. Ele era a atração da área, e os moradores, sobretudo as crianças, o adoravam e tinham muito orgulho dele. Ele parecia pertencer a todos. Na vitrine, atraía multidões de admiradores habituais ou recém-chegados surpresos. Essas eram horas felizes. Se houvesse gente demais e sua visão ficasse obstruída, ele simplesmente mudava de vitrine. Diversos motoristas, vendo Christian exibindo-se desavergonhadamente, bateram no carro da frente. E uma conversa foi ouvida entre uma criança e sua mãe em um ônibus que passava:

— Mamãe, tinha um leão naquela vitrine!

— Não seja ridículo. Se você não parar de mentir, vou falar para seu pai lhe dar umas palmadas.

No apartamento em cima da Sophistocat.

3
A NOBREZA TEM SUAS RESPONSABILIDADES

Não contamos a Christian que ele era um leão. Achávamos que essa informação só levaria a um lamentável comportamento de leão. Evitávamos usar a palavra "leão" na frente dele, mas ocasionalmente tínhamos que soletrar L-E-Ã-O para as pessoas que pensavam que Christian era um leopardo por causa de suas pintas. Ele gostava de se olhar nos grandes espelhos da Sophistocat. Assim sendo, embora deva ter ficado confuso com relação ao tipo de animal que era, ele sabia exatamente como era sua aparência. Muitas vezes, ele nos acompanhava no carro, e como possivelmente há mais estátuas de leões em Londres do que leões vivos na África, decidimos contar-lhe a verdade antes que descobrisse por conta própria e fizesse perguntas difíceis. Nós o levamos a Trafalgar Square para ver os leões na base da Coluna de Nelson. Ele ficou maravilhado por ser um símbolo tão evidente de nobreza. Felizmente, a informação não alterou seu comportamento, pois ele tinha, como todos os felinos, presumido sua superioridade sobre nós desde o início. Mas informação demais podia ser perigoso ou confundi-lo, então pedimos ao pastor moraviano que não lhe dissesse que os primeiros cristãos foram jogados aos leões.

Compatível com seus padrões, a Harrods nos vendera um leão de alta qualidade. Ele era muito saudável e tinha um temperamento formidável. Era calmo e não ficava facilmente alarmado ou assustado. Essas qualidades eram reforçadas por sua confiança em nós e seu forte sentimento de segurança. O fato de seu comportamento ser em geral bem previsível e consistente tornou a vida com ele muito mais fácil do que poderia ter sido. Nós o tratávamos com muito cuidado no início, e fomos rapidamente conhecendo-o melhor e aprendendo mais sobre ele. Raramente avaliávamos suas intenções erroneamente e aprendemos a prever qualquer situação que pudesse ter resultados imprevisíveis.

Foi fácil reconhecer um padrão psicológico de comportamento nele que pudesse ser interpretado em termos humanos. Embora saibamos que isso é antropomórfico, para nós, aspectos de sua personalidade nos lembravam a personalidade humana. Seu "senso de humor" parecia muito semelhante ao nosso. Se tropeçasse em algo — já que tendia a ser um bocado desajeitado para um leão por causa de suas patas grandes —, ele parecia "constrangido", mas rapidamente fingia, como a maioria das pessoas faz, que nada acontecera. Parecia que os leões podiam se comunicar com humanos muito mais de perto do que quase qualquer outro animal. Percebemos que os dois predadores mais poderosos do mundo tinham muito em comum.

A personalidade de Christian era incrível, e sua presença preenchia inteiramente a loja e nossas vidas. Percebemos que, para que os meses que viveria conosco fossem tão felizes para ele quanto pretendíamos que fossem, teríamos de permitir que ele se expressasse com a maior naturalidade possível. Para ele continuar sendo o animal feliz e calmo que era, fazia-se necessário, além de lhe dar todo tempo e toda afeição que tínhamos, minimizar quaisquer restrições.

Construímos um relacionamento baseado no respeito mútuo, sem que ele desse qualquer sinal de ser um animal doméstico subserviente. Não fizemos nenhuma tentativa de domesticá-lo ou treiná-lo, e, pela nossa experiência, isso provavelmente teria tido consequências desastrosas. É pouco provável que um leão possa mesmo ser completamente domesticado; talvez um controle precário seja o máximo que se possa conseguir. E o respeito de um leão não é facilmente conquistado. Christian tinha personalidade forte, mas parecia perceber que sua cooperação era necessária, e rapidamente entendeu que tipos de comportamento não seriam admitidos. Nenhum de nós teve qualquer contato com animais de circo ou com aqueles usados em espetáculos ao vivo. Podemos apenas imaginar os jogos psicológicos, subornos, recompensas e castigos utilizados para fazer os animais encenarem seus papéis. Em 2003, Roy, membro da dupla de Las Vegas Siegfried e Roy, foi atacado por um de seus tigres durante um número de ilusionismo com o animal.

Christian odiava ser ignorado e estava muito consciente do efeito que provocava nas pessoas. Ele não conseguia resistir a testar as reações dos recém-chegados e sempre se lembrava das pessoas que não tinham se relacionado bem com ele anteriormente. Como todos os animais, sempre sabia quando alguém se sentia desconfortável em sua presença e tirava vantagem disso. Se os clientes não o notassem sentado nas escadas da loja, rosnava para atrair a atenção. Nessa posição de comando, suas patas derrubavam vários chapéus e óculos. Era extremamente curioso, e seus olhos estavam sempre observando e buscando algo novo que devesse ser investigado.

Sua característica mais notável eram seus olhos. Eram expressivos, inteligentes e capazes de transmitir amor e confiança, ou nos desafiar e desprezar. Às vezes, tinham uma claridade e um brilho incríveis, mas outras vezes ficavam opacos, misteriosos e impenetráveis, e fitavam algo além de nós, do qual estávamos excluídos.

Christian se lembrava de pessoas e lugares e demonstrava um alto grau de inteligência se comparado com outros leões que conhecemos. Ele rapidamente aprendeu como abrir a porta do porão se ela não estivesse trancada. Guardávamos sua comida do dia em cima de vários armários no escritório no fundo da loja, e ele frequentemente conseguia a façanha de escalar outros móveis até uma altura suficiente para conseguir ficar em pé nas pernas traseiras e derrubar a comida no chão.

Diferentemente da maioria dos outros membros da família dos felinos, os leões são animais gregários e sociais, que vivem em uma alcateia familiar estendida. Indubitavelmente, Christian nos considerava como sua família e tinha um tremendo carinho por nós. Os leões se cumprimentam com um toque de cabeça cerimonial, e frequentemente nos ajoelhávamos para deixá-lo fazer isso conosco. Sempre que íamos nos separar dele, qualquer que fosse o tempo que passássemos longe, tinha que haver outro cumprimento carinhoso, uma lambida, um afago. Ele gostava de ficar perto, muitas vezes se encostando em nós, ou até sentando sobre nós. Às vezes, saltava do chão para nossos braços, o que era um cumprimento que nunca víramos antes em leões. Claro que de vez em quando ele era arrogante e exigente, mas se tivesse de ser disciplinado, seja verbal ou fisicamente, com um tapa, aceitava e não guardava qualquer ressentimento. Sabia perfeitamente quando estávamos zangados com ele e, se sentisse que merecia, fazia tentativas óbvias e em geral bem-sucedidas de nos reconquistar.

Christian era particularmente delicado e pouco possessivo com relação à sua comida, o que indicava que, em alguns aspectos, ele era um leão excepcional. Não tinha outros animais com os quais competir, o que, juntamente com a certeza de que seria alimentado regularmente, deve ter favorecido esse comportamento. Mas pessoas que sabiam muito mais sobre leões do que nós costumavam ficar impressionadas com sua atitude com relação à comida. Ele tinha um apetite enorme, e em sua avidez muitas vezes derrubava a comida das nossas mãos antes de termos tempo de colocá-la no chão. Mas podíamos tirar sua comida se fosse necessário, até mesmo de sua boca. Ele adorava o tutano dos ossos, mas como era incapaz de extraí-lo, elegantemente comia-o das pontas de nossos dedos.

Os leões dependem, em grande medida, de suas bocas para se comunicar e fazer contatos. Ele nos lambia para mostrar afeição. Sua língua áspera sempre experimentava as superfícies para conhecer seu gosto e sua textura. Ele tinha dentes de leite afiados e, embora gostasse de abocanhar nossas mãos e nossos braços, rapidamente aprendeu a não nos morder. Havia momentos, no entanto, em que sua boca simplesmente ficava aberta, esperando que a enchêssemos. Nossos joelhos ficavam na altura de sua boca. Muitas vezes, nossas roupas eram danificadas quando seus dentes ou garras ficavam presos, e às vezes recorríamos ao uso de macacões práticos de cor verde-garrafa.

Um leão precisa exercitar suas garras e seu maxilar. Nas primeiras semanas, as pernas de várias mesas e cadeiras da loja foram danificadas. No entanto, após algumas palmadas, ele desistiu, sobretudo quando percebeu que podia usar os corrimões das escadas, pois os leões são criaturas com hábitos. Eles são mais ligados à terra do que os outros felinos, e Christian não costumava subir nos móveis, mas gostava de inspecionar seus domínios de certa altura e muitas vezes sentava em mesas e cômodas. Felizmente, ele preferia as escadas, que lhe davam uma altura ainda maior, e sentava com uma pata elegantemente pendente em um dos lados. Na verdade, ele estragou poucos móveis e, ainda assim, somente quando escorregava e enfiava as garras para se segurar. Um dia, um pouco insensatamente, uma mesa muito cara foi decorada de forma elaborada no meio da loja com talheres, porcelana, copos e velas. Ouvimos o som de vidro quebrando e logo entendemos o que acontecera. Confuso com a visão incomum, Christian movera seu peso para um lado da mesa, e ele e tudo que estava em cima dela caíram no chão. A mesa já havia sido vendida, e agora estava com vários arranhões profundos. Telefonamos para a mulher que a comprou para nos desculpar. "Não se preocupe", disse ela. "Só entrei na loja para ver o Christian. A mesa foi consequência. Por favor, não se preocupe com os arranhões. Eles me lembrarão desse lindo leão." Mas ele não conseguia parar de atacar o colchão de uma cama de latão que tentávamos vender. Esse problema só foi resolvido quando um amigo muito generoso trouxe um colchão seu para Christian, que, muito excitado, como um leão com uma presa, arrastou-o habilidosamente para o porão, embora fosse muito maior e mais pesado do que ele.

Christian possuía garras muito afiadas e, antes de aprender a retraí-las, sofremos alguns arranhões. Muito rapidamente, ele desenvolveu um controle maior sobre elas e também percebeu que parávamos de brincar com ele se fôssemos arranhados. Aprendeu a mantê-las retraídas, mas se estivesse se debatendo com algo, tal como seu colchão, fingindo que era uma zebra que tivesse acabado de caçar e atirado ao chão, tínhamos de nos lembrar que suas garras instintivamente haviam saído.

Como todos os leões, Christian era fascinado por crianças. Ele parecia considerá-las uma espécie diferente dos adultos e reagia de outra forma com elas. Tomávamos sempre muito cuidado e o prendíamos se houvesse crianças na loja. Um dia, o fotógrafo de um jornal local estava tirando uma foto dele, na coleira, em frente à Sophistocat. Uma mulher, que provavelmente pensou que Christian era um cachorro, passou na frente dele com uma criança de dois anos. Curioso, Christian estendeu a pata e derrubou a criança no chão. Um de nós agarrou Christian enquanto o outro impedia o fotógrafo de tirar o tipo de foto que os jornais adoram. A criança ficou ligeiramente atordoada, mas vestia tanta roupa que era impossível ter se machucado. A princípio, a mãe ficou furiosa, mas quando retornou mais tarde com vários amigos e outras crianças para passar na frente de Christian, ficou claro que ela se recuperara rapidamente e parecia encantada com o incidente.

Christian cresceu muito rápido. Em dois meses, uma juba começou a aparecer e de repente ele parecia um leão adulto. Era injusto, e provavelmente insensato, esperar que os clientes inocentes compreendessem a experiência de ver surgir um leão de trás de uma cômoda e de ter as coxas abraçadas por suas patas imensas. Ele não mexia com a maioria das pessoas, mas, como muitos outros animais, instintivamente identificava as que tinham medo dele e gostava de provocá-las. É claro que não podíamos arriscar qualquer incidente, e nenhuma companhia de seguro estava preparada para nos dar qualquer cobertura.

Começamos a sentir o peso da responsabilidade de sermos donos de Christian. O estádio do clube de futebol Chelsea ficava nas proximidades, e a polícia nos visitou para nos aconselhar a não deixar que Christian ficasse na vitrine nos dias de jogo porque ele podia provocar confusão entre os torcedores que passavam. Ele era obrigado a passar a maior parte do tempo no porão e só podia ficar na loja quando não houvesse mais clientes. Ele gostava de ficar lá embaixo e tinha muitos brinquedos com os quais se divertir, mas se ressentia de não ter a liberdade de subir para a loja quando quisesse. Às vezes, ele se agachava desnecessariamente em sua bandeja sanitária, como um sinal sutil de que estava pronto para subir para a loja. Como todos os felinos, os leões ficam felizes em dormir se não há nada melhor para fazer, mas suas horas no porão eram interrompidas por muitas visitas. Joe, John e Jennifer-May, que trabalhavam na Sophistocat, adoravam Christian, e ele também gostava deles. Em geral, pelo menos um de nós ficava lá embaixo brincando com ele. Quando as pessoas vinham vê-lo, nós as levávamos ao porão, onde era mais fácil controlar totalmente a situação e, se necessário, impedir que ele pulasse nelas. Ele era um leão incomumente receptivo, e eram poucas as pessoas de quem ele não gostava. Era difícil descobrir do que ele não gostava — às vezes, era um perfume forte ou uma loção pós-barba, e ele sempre pulava em um amigo nosso quando este vestia um determinado casaco.

Tentamos não deixar Christian perceber exatamente quanto — ou quão pouco — controle tínhamos sobre ele.

Depois dos primeiros meses, levou um tempo surpreendentemente longo para ele perceber que, embora ainda fôssemos capazes de carregá-lo, tínhamos de soltá-lo imediatamente se ele se debatesse. Se usasse muita força em suas brincadeiras conosco, sempre parávamos, e por isso ele nunca se deu conta de que havia de fato se tornado fisicamente mais forte do que nós. Para um leão, ele era muito obediente e, em geral, cooperava conosco. Raramente ignorava nossos protestos, mas quando isso acontecia havia muito pouco que podíamos fazer. Tínhamos apenas que fingir que não estávamos preocupados com o que ele fazia, em vez de deixá-lo perceber que não tínhamos como pará-lo. Era um jogo psicológico fascinante, mas o risco era grande.

Os leões dão avisos muito claros e diretos de seu descontentamento. Seria burrice desconsiderar sua força, seus dentes e suas garras. Apenas uma vez, durante os meses em que Christian viveu na Sophistocat, ficamos com muito medo dele. Ele encontrou um cinto de pele que caíra de um casaco e o levou correndo para o porão. Fomos atrás dele para recuperar o cinto. Ele o mastigava e chupava com deleite. Sabíamos que aquilo seria algo que ele não largaria com facilidade. Tentamos arrancá-lo, mas ele baixou as orelhas e rugiu um aviso feroz. Estava irreconhecível, um animal selvagem. Sem dúvida teria nos atacado se tivéssemos tentado tirar o cinto dele novamente. Queríamos deixá-lo, mas em vez disso nos distanciamos alguns metros vagarosamente, conversando um com o outro, como se nada tivesse acontecido e tivéssemos nos esquecido do cinto. Sabíamos que não devíamos transmitir-lhe nosso pavor. Isso poderia tê-lo encorajado a repetir o comportamento se tivesse sentido o efeito que causara. Após uns cinco minutos, sua empolgação com o cinto e sua raiva passaram. Passamos as horas seguintes falando e brincando com ele normalmente. Nós o respeitamos por causa de seu aviso bem claro. O incidente nunca se repetiu, mas tínhamos recebido um aviso importante sobre o perigo potencial de Christian.

Observando
seus domínios.

4
"O REI DA SELVA TÍMIDO COM A FAMA"

Quando a prefeita de Kensington e Chelsea entrou na Sophistocat para conhecer Christian e se abaixou para acariciá-lo, o sofisticado colar dourado, símbolo de seu cargo, balançou tentadoramente na frente dele. Ele não conseguiu resistir, e uma enorme pata a golpeou. O colar girou ao redor do pescoço dela. A prefeita ficou atordoada, mas não se feriu. Os leões, monarcas por natureza, não se impressionam com os símbolos das autoridades municipais.

Diversas pessoas conheceram Christian, e algumas delas o visitavam regularmente. Uma mulher foi à loja com balas para o urso que ela ouvira falar que vivia lá. Ficou muito decepcionada ao descobrir que Christian era só um leão, e, pior ainda, não se interessou pelas balas. As atrizes Diana Rigg e Mia Farrow, clientes da Sophistocat, adoraram conhecê-lo e ambas voltaram para brincar com ele. Como Christian tinha muita notoriedade, várias pessoas iam à loja preocupadas com o fato de o estarmos usando como um artifício de propaganda, mas ficavam tranquilas ao vê-lo tão feliz e saudável, e, aparentemente, muito afeiçoado a nós.

Ter um leão se tornou parte de nossas vidas, e tivemos que aceitar todo o interesse que ele despertava. Quando não estávamos com ele, estávamos sempre respondendo perguntas sobre ele. Tínhamos de ouvir pacientemente histórias das pessoas sobre seus gatos "selvagens" ou suas recordações de experiências na África. Ouvíamos constantemente a pergunta: "Quanto tempo levará para ele se tornar um devorador de gente?" Era impossível associar tal questão com Christian, sobretudo quando o observávamos brincando com sua melhor amiga, Unity Bevis-Jones.

Unity conheceu Christian em janeiro de 1970, um mês depois de o comprarmos. Ouviu falar que um leão vivia na Sophistocat e correu imediatamente para a loja. Ela visitava Christian todas as tardes, e sua vida passou a girar em torno dele. Ela era tão magrinha que nos preocupávamos que ele a machucasse sem querer, mas ela lidava extremamente bem com ele. Unity vestia um casaco grosso e um chapéu de feltro meio bizarro para se proteger. O chapéu escondia a maior parte de seu rosto, e foi somente quando Christian finalmente o comeu, várias semanas depois, que percebemos o quanto ela era bonita.

Unity era apaixonada por leões. Um dia, em Roma, onde trabalhara como atriz, decidiu que queria um leão, embora não tivesse tido contato com nenhum antes. Conseguiu convencer o zoológico de Roma a vender-lhe uma leoa de nove meses que acabara de chegar da África e nunca recebera cuidados humanos antes. Não ocorreu a Unity que leões deviam ser temidos. Após Lola ser entregue em um caixote, ela ficou surpresa quando sua colega de apartamento se trancou no quarto por duas semanas. Unity descobriu que os senhorios eram igualmente pouco compreensivos, e calcula que, em um ano e meio em que viveu junto com Lola, elas se mudaram umas vinte vezes. Quando Unity precisou voltar à Inglaterra, Lola foi viver com amigos dela perto de Nápoles. Unity tinha uma afinidade extraordinária com Christian, sendo possível entender como conseguira ter um relacionamento bem-sucedido e sem acidentes com Lola, em circunstâncias muito mais difíceis.

À tarde, quando Unity chegava à Sophistocat, ouvíamos Christian no porão, fazendo barulho enquanto jogava futebol com algo, em geral um balde de plástico. Ao ouvir o som dos passos nas escadas, ele parava de brincar para ver quem era. Unity dizia: "Oi, Christian, sou eu." Christian rosnava alto, seu cumprimento normal, e pulava na porta fechada para espreitá-la pelo pequeno buraco redondo. Para evitar que Christian corresse escada acima quando ela abrisse a porta, Unity lhe pedia que se afastasse antes de ela entrar. Ainda com a porta fechada, ele indicava com um miado de leão que ela podia entrar. "Não", dizia ela, "você ainda está muito perto. Afaste-se mais". Após um breve silêncio, Christian rosnava e, se o rosnado soasse suficientemente distante para os ouvidos experientes de Unity, ela entrava e fechava a porta. Christian corria para cumprimentá-la carinhosamente e, agarrando-a pelo casaco, entusiasticamente a conduzia pelo porão.

Se ele ficasse muito exaltado e ignorasse quando ela dizia "Não seja tão violento" ou "Pare, Christian", ela se encaminhava até a porta quando ele não estivesse olhando e o deixava. Christian então corria para a porta miando e rosnando. Ouvíamos Unity dizer: "Você é muito levado. Se não se comportar, não vou entrar para brincar com você. Não sou um balde e espero que você não me trate como tal." Como um pedido de desculpas, Christian dava alguns rosnados arrependidos, cada vez mais longe da porta, para mostrar a Unity que ela poderia entrar sem que ele corresse escada acima. Repreendido, mas sempre desculpado, ele então seria gentil com ela, e eles se divertiriam juntos com brincadeiras e conversas pelo resto da tarde.

Uma das características mais comoventes de Christian era que ele tinha um relacionamento específico com cada um de nós; diferenças sutis, como cumprimentos distintos, brincadeiras e truques diferentes, e sabia exatamente o que cada um o deixaria fazer. Unity nunca conseguiu recusar nada a ele. Ela ia ao jardim conosco frequentemente, e as horas que passava com ele todos os dias no porão contribuíram muito para mantê-lo manso. Os animais têm personalidades que podem ser estimuladas a se desenvolver ou se expressar, e Unity nos mostrou como as de Christian eram diversas.

Dedicamos mais tempo e afeição a Christian do que já tínhamos conscientemente dedicado a algo ou a alguém antes. Era um compromisso e uma responsabilidade que deram às nossas vidas um sentido que nunca tiveram antes. Passávamos os dias com ele, e, à noite, o colocávamos em seu quarto no porão se queríamos sair. Um de nós, e com muita frequência nós dois, em horários diferentes, o deixávamos sair para dar um passeio pela loja tarde da noite, antes de ir para a cama. Como a loja fechava aos domingos, e Christian gostava de mudar de ambiente, às vezes saíamos com ele. Mas não há muitos lugares aos quais se possa levar um leão em Londres. Um dia, nós o levamos a Kensington

Gardens. Ele ficou apavorado com todo aquele espaço e, embora estivesse com uma guia comprida, ficou perto da cerca o tempo inteiro para se sentir seguro. Como era de se esperar, tantas pessoas o cercaram que os passeios no parque acabaram se tornando impossíveis.

Telefonamos para um orfanato para ver se as crianças gostariam de receber a visita de Christian. A mulher com quem falamos ficou muito surpresa, mas quando garantimos que ele não era "perigoso", aceitou. Dissemos a ela que não era aconselhável que Christian chegasse perto das crianças e perguntamos se havia uma área fechada para ele ficar. Ela sugeriu que as crianças poderiam observá-lo de dentro do edifício em segurança, enquanto "o leão pastava do lado de fora"!

Mas a visita de Christian foi marcada por uma falta de interesse inesperada. Os rostinhos se espremeram na janela por alguns minutos, mas depois as crianças voltaram para seus brinquedos. Enquanto lanchávamos com elas, Christian ficou trancado em uma sala. Porém, uma criança travessa o soltou, e ele veio nos procurar. As crianças gritaram, saíram correndo e subiram nas cadeiras e mesas. Deixamos o caos e provavelmente muitos pesadelos para trás, e levamos um leãozinho confuso de volta à Sophistocat.

Christian era frequentemente convidado a visitar amigos conosco e, de vez em quando, nós o levávamos. Em uma das visitas, ele abriu a porta do banheiro, e corremos para cima quando ouvimos um grito. Era difícil saber quem estava mais apavorado, Christian ou nosso amigo no banheiro. A única casa sempre preparada para a visita de um leão era a de Charles Bewick, Peter Bowen e a puma Margot. Nós os visitávamos com bastante frequência, e Christian passou o Natal lá, enquanto fomos visitar amigos no interior, os quais não o convidaram. Margot era um lindo animal com um ronronar atraente, mas seu comportamento era imprevisível, e era difícil ficar tranquilo em sua companhia. Ela acabou indo viver em uma fazenda no interior. Esperávamos, um pouco ingenuamente, que Margot e Christian se tornassem amigos, já que não conhecíamos nenhum cachorro forte o suficiente para ser seu colega de brincadeiras. No entanto, Margot era de uma espécie diferente, sexo diferente, um ano mais velha e o oposto dele. Ele mostrou desinteresse. Para fazer justiça a ela, Christian era um intruso em seu território. Até era possível mantê-los no mesmo cômodo juntos, mas a única vez em que ele se aproximou de Margot, ela deu-lhe uma patada e arranhou seu nariz aveludado. Christian não se incomodou, mas ia aparecer na TV no dia seguinte!

Em meados de janeiro de 1970, um mês depois de o comprarmos, o canal Thames Television descobriu que um leão vivia na Sophistocat e convidou Christian para aparecer em "Magpie", um programa infantil. Apareceria por apenas alguns minutos, então achamos que daria conta. Dirigimos até os estúdios da emissora em Teddington um tanto empolgados, mas incertos sobre como Christian se comportaria. Infelizmente, tivemos de fazer vários ensaios antes da aparição ao vivo, e achamos isso uma pena, já que Christian ficou cada vez menos cooperativo. Ele ficou confuso e ofuscado por causa das luzes brilhantes do estúdio e apavorado com as câmeras quando elas avançavam em sua direção. Ficou irritado por ter de passar tanto tempo na coleira, mas mostrou resignação em vez de raiva. Lamentamos ter aceitado o convite do "Magpie" e esperamos nervosos pela aparição ao vivo. Era impossível prever o que Christian faria. Um de nós seria entrevistado e, ao mesmo tempo, tentaria manter Christian no raio de visão da câmera. Aparentemente ele fez um grande sucesso, embora o que pareceu ser uma brincadeira no chão do estúdio fora na realidade uma luta para impedi-lo de fugir.

Antes de sua aparição na televisão, poucos jornais se interessaram por Christian. De repente, ele ficou muito conhecido e a curiosidade a seu respeito aumentou muito, embora as pessoas que nos entrevistaram parecessem ficar decepcionadas ao ver que possuir um leão era menos complicado do que esperavam. As fotografias que publicavam eram sempre de Christian bocejando, com os dentes expostos, mas é claro que os bocejos pareciam rugidos malévolos. A publicidade foi boa para a Sophistocat, mas percebemos que se continuasse assim teríamos de assumir o controle sobre as fotografias publicadas para que Christian pudesse, ao menos, ser retratado corretamente. Conhecemos um fotógrafo chamado Derek Cattani, que se deu muito bem com Christian e fez um registro fotográfico de sua vida em Londres. Os jornais poderiam ficar à vontade para comprar uma fotografia de Derek se quisessem.

Várias pessoas entraram em contato conosco porque queriam usar Christian em comerciais de televisão ou em eventos promocionais. Ele custava tanto para nós que estávamos dispostos a usá-lo moderadamente para fins comerciais, contanto que ele não se estressasse ou sofresse desconforto. Ele gostava de sair e deleitou-se com alguns "trabalhos" esporádicos, mas em geral tinha uma rotina normal e uma vida muito estável. Ele fez uma sessão de fotos chamada "Nights on the Wild Side" [Noitadas selvagens] para um anúncio de camisolas na revista *Vanity Fair*. Foi um trabalho fácil, visto que ele só precisou se deitar na cama com uma linda modelo e ser fotografado. A legenda dizia:

> *Cuidado com as felinas caçadoras de homens! Algumas caçam suas presas na selva; outras ficam em casa, brincando de gatinha, deitadas na cama, vestidas com lingeries que aderem e ondulam com a mesma elegância felina. Nossa lingerie não foi feita para noites solitárias — vista-a quando planejar ser atacada, e se não o for, então pegue outro gato para lhe fazer companhia!*

Christian sempre gostou de mastigar cabelo, e a modelo tinha muito cabelo. Ele esboçou um ataque, e ela ficou muito apavorada e chegou a dizer: "Meu rosto custa uma fortuna!" Coibido, Christian abriu a mordidas um buraco na pele de carneiro da colcha e destruiu dois travesseiros de cetim.

Vários meses depois, a companhia aérea BOAC (atual British Airways) nos contatou. Eles estavam inaugurando um novo voo para a África e queriam que Christian fizesse uma aparição rápida em um evento promocional, em que foi a sensação e ofuscou com facilidade os outros representantes da África: palmeiras em vasos e abacates. Ele ganhou trinta guinéus, que depositamos em sua conta bancária. As fotografias de Christian abrindo uma conta bancária apareceram no jornal de circulação interna do banco com a legenda "Cliente do barulho em Chelsea". Foi uma forma fácil de acalmar o gerente por causa dos nossos saldos negativos. Também fizemos uma série de fotos publicitárias de Páscoa em jornais, de Christian com seis pintinhos. Ele foi surpreendentemente dócil e não houve qualquer problema.

Quando tinha aproximadamente sete meses e, claro, deixava seus dias de filhote para trás, de repente houve um interesse público muito maior e mais generalizado. As pessoas ficavam impressionadas por ele ainda ser tão fácil de tratar. Especialistas do zoológico de Londres e do Escritório de Aconselhamento sobre Felinos, por exemplo, ficaram surpresos ao ver o quanto Christian era domesticado e bem-comportado. Ele deixou de ser considerado uma novidade e passou a ser uma personalidade londrina pertencente a "dois australianos". Fomos entrevistados por vários jornais, rádios e emissoras de televisão dos Estados Unidos e da Austrália.

Jack de Manio, do programa matutino "Today" da rádio BBC, nos telefonou para convidar Christian para uma entrevista. Sugerimos que ele fosse até a Sophistocat para conhecê-lo primeiro e avisamos que Christian poderia ser pouco expressivo se não estivesse com vontade de conversar, o que seria uma desvantagem em uma entrevista de rádio. Como Christian ainda não havia rugido, era improvável que os ouvintes de Jack de Manio fossem brindados com sua primeira tentativa.

Um carro foi enviado à Sophistocat às 6h30 do dia seguinte, e nós três fomos levados à sede da BBC. Quando chegamos, o porteiro barrou nossa entrada no prédio e, sem nem olhar para o que estava na coleira, nos avisou:

— Não é permitida a entrada de cachorros aqui. Essas são as regras.

— Suas regras também incluem leões? — perguntamos.

As pessoas não discutem com leões, e ao passarmos pelo porteiro e entrarmos no prédio, ele pulou para o lado agilmente.

Christian estava interessado demais em examinar a parafernália do estúdio de rádio — aqueles fios e cabos tentadores! — e em olhar para os rostos colados nas janelas do estúdio para pensar em fazer qualquer barulho de leão durante sua entrevista. Falamos brevemente por ele, mas a manchete no *Daily Mail* do dia seguinte dizia: "Envergonhado com o microfone, Christian fracassa no rádio."

Ficamos perplexos quando, mais tarde naquele dia, recebemos um telefonema da BBC na Sophistocat. Sem qualquer explicação, nos perguntaram diretamente quanto Christian custava, mas essa não era uma questão sobre a qual precisávamos pensar. Alguns dias depois, lemos na coluna de Charles Greville no *Daily Mail* o que acontecera. A manchete era: "Leão enrolado na burocracia."

> *As regras da BBC estabelecem que os animais que entrarem no prédio devem estar cobertos por um seguro, mas, por causa de algum deslize, ocorreu uma situação hilária: funcionários negligentes fizeram uma apólice contra danos que cobriam convidados que já haviam deixado o recinto. Incluindo, aparentemente, danos aos apresentadores, embora, como os fatos já haviam provado naquela altura, o animal mal conseguiu bocejar no estúdio, muito menos se empanturrar com De Manio e sua equipe... E o valor do rei da selva tímido com a fama? Quinhentas libras, dizem os donos.*

Invariavelmente, os jornais nos ligavam se algum leão ou outro animal selvagem atacasse ou matasse alguém em qualquer lugar no mundo. Gostávamos de decepcioná-los com relatos entusiásticos sobre o comportamento impecável de Christian. Tantos jornais se equivocavam em suas informações sobre Christian que nos surpreendemos por só termos recebido uma resposta hostil. Após um artigo ser publicado em um jornal americano, em abril de 1970, uma mulher escreveu uma carta longa e agressiva. Ela concluiu dizendo:

> *O que vocês pretendem fazer com Christian quando se cansarem dele? Ele deve estar crescendo agora e, depois da vida que vocês o obrigaram a levar, deve estar ficando hostil e perigoso. Sem dúvida, vocês mandaram retirar as garras dele e talvez até os dentes, então tenho certeza de que nenhum zoológico vai querer recebê-lo. Acabe com sua vida miserável e sacrifiquem-no.*

Nunca cogitamos remover as garras de Christian, e, apesar de estar errada sobre a vida dele conosco na Sophistocat, compartilhávamos a preocupação dela a respeito do futuro de Christian.

Sua posição favorita nas escadas da loja.

Futebol na Moravian Close.

Christian, como todos os leões, era fascinado por crianças.

5
UMA PROPOSTA

Em abril de 1970, Christian estava entediado. Ele tinha na época oito meses de idade e rapidamente se tornava grande demais para a Sophistocat. A vida ficara repetitiva e parecia não guardar mais surpresas. Ele estava irritado por ter ficado grande demais para seu lugar de descanso favorito nas escadas. Tornara-se fácil demais subir na mobília da loja e, com seus sessenta quilos, ficara pesado o suficiente para acidentalmente quebrar o vidro das vitrines. Ele precisava de mais liberdade, e só podíamos lhe dar cada vez menos. Agora, era capaz de causar sérios danos, e, se decidisse se comportar mal, sabíamos que não conseguiríamos controlá-lo. Apesar de ter sido antes uma atração para a loja, seu tamanho começava a afugentar os clientes. George Lazenby, o famoso ator que interpretou James Bond no cinema, veio com um amigo nosso nos visitar uma tarde. Christian estava sentado na vitrine e nem mesmo George foi convencido a entrar na loja. Assim, Christian passava a maior parte de seu tempo no porão e cada vez mais se incomodava com qualquer forma de restrição.

Ele estava menos contente, e nós também. Virara uma tensão imensa para nós. Éramos responsáveis por Christian, mas também tínhamos que evitar criar qualquer situação perigosa. Era desaconselhável esperar para ver que forma suas frustrações tomariam.

A questão de seu futuro, que nos perseguia desde o início, agora inevitavelmente nos confrontava. Visitamos novamente o parque de safári Longleat, que, como verificamos antes de comprar Christian, parecia oferecer as melhores condições de vida para leões na Inglaterra. Dessa vez, sabíamos mais sobre leões. Por causa da probabilidade de logo Christian ir para lá, nos mostraram orgulhosamente outras faces de Longleat, das quais não gostamos. Vimos a enorme empresa comercial em que a parceria Longleat-Chipperfield se transformara, pois, além dos leões no parque, Mary Chipperfield oferecia um serviço de aluguel de animais para companhias cinematográficas e televisivas. Além disso, alguns dos leões que vimos aparentemente faziam parte de um circo itinerante. Não sabíamos se conseguiríamos garantir que Christian seria integrado a uma alcateia de leões, viveria no parque e não seria usado para fins comerciais mais óbvios. Decidimos então que, para Christian, o parque de safári Longleat não era mais uma solução satisfatória.

Enviá-lo para um zoológico teria sido para nós uma traição difícil de suportar, mas seria ainda mais difícil para ele. Esperávamos então encontrar alguém com uma grande propriedade rural que o adorasse e cuidasse dele como nós. Procurando alternativas, visitamos vários zoológicos particulares. Eles talvez fossem mais rurais do que seus equivalentes na cidade, mas também eram mais amadores, e igualmente restritivos e insensíveis.

Uma tarde, o ator Bill Travers foi à loja com sua mulher, a atriz Virginia McKenna. Eles estrelaram juntos o filme *A história de Elza*, de 1966, sobre a leoa que foi devolvida à selva por Joy e George Adamson. O filme, assim como o livro, fora um grande sucesso, embora não os conhecêssemos direito. Pressupomos que sua ligação com os leões os levara até a Sophistocat. Para nossa decepção, eles só queriam comprar uma mesa de pinho, mas não deixamos passar a oportunidade de apresentá-los a Christian. Eles ficaram surpresos ao ver um leão correr em nossa direção e nos cumprimentar afetuosamente. Falamos sobre a vida de Christian conosco, e eles entenderam nosso dilema quanto ao seu futuro. Eles ficaram satisfeitos por termos "resgatado" Christian da jaula na Harrods, mas eram contra a compra e o tráfico de animais exóticos. Após atuarem em *A história de Elza*, dedicaram suas vidas principalmente à produção de documentários sobre a preservação animal. Bill e Virginia tinham um conhecimento muito mais amplo sobre leões do que nós, e lhes fizemos inúmeras perguntas. Sentimo-nos lisonjeados quando disseram que gostariam de ver Christian novamente.

Alguns dias depois, Bill entrou na Sophistocat com James Hill, o diretor de *A história de Elza*. Queríamos saber por que James viera e por que nos questionara tanto sobre Christian. Ficamos surpresos e maravilhados quando Bill nos convidou para jantar em sua casa em Leith Hill, perto de Dorking. Ele disse que gostaria de nos mostrar um documentário que fizera sobre leões que nasceram em cativeiro.

Jantar com as estrelas. Parecia bastante apropriado que James Hill nos apanhasse na Sophistocat em seu Rolls-Royce, e, para surpresa dos moradores da World's End, fomos levados em grande estilo para Surrey. Depois do jantar, vimos o filme de Bill *The Lions Are Free* [Os leões são livres], mostrando o que acontecera aos leões envolvidos na filmagem de *A história de Elza*. Foram usados vinte e quatro leões; no entanto, ao contrário do tema do filme, somente após uma longa luta por parte de Joy, George, Bill e Virginia é que George foi autorizado a reabilitar três deles. Nenhum dos outros teve a oportunidade de viver uma vida natural. Em *The Lions Are Free*, Bill visitou os três leões que George reabilitou com sucesso e, embora eles não o vissem há três anos, lembraram dele e o saudaram com carinho.

O filme terminava com Virginia indo ao zoológico Whipsnade para visitar a Pequena Elza, uma leoa pela qual se afeiçoara muito durante a filmagem de *A história de Elza*. Virginia chamou seu nome e a Pequena Elza a reconheceu imediatamente, correndo para as grades. Como Virginia poderia explicar por que as duas não podiam se cumprimentar como sempre fizeram? O paralelo com Christian era óbvio demais, com a probabilidade de que, em semanas, nós tivéssemos que condená-lo à mesma existência sem sentido. Percebendo nossos temores, Bill sorriu e disse: "Acho que podemos ajudá-los a resolver o problema do futuro de Christian. Gostaríamos de levá-lo para a África, onde George Adamson poderia devolvê-lo à selva."

Era como se uma sentença de prisão tivesse, de repente, sido anulada. De todos os leões que já nasceram na Europa, Christian tinha uma oportunidade inédita de ser salvo. Ele voltaria ao lugar ao qual pertencia. Bill contatara George

Adamson no Quênia depois de conhecer Christian na Sophistocat. George estava muito interessado na experiência de levar um leão da Inglaterra para ser reabilitado na África, e estava confiante de que seria bem-sucedido. Bill e James pretendiam fazer um documentário para a televisão que ajudaria a cobrir as consideráveis despesas envolvidas.

Não foi difícil aceitar a proposta de Bill e Virginia. Preocupamo-nos, no entanto, com a possibilidade de Christian ter vivido uma vida artificial demais e de o termos "desleonizado" a um ponto que impossibilitaria sua reabilitação. George assegurou a Bill que Christian ainda era muito jovem e que seria preciso que muitas outras gerações de leões fossem criadas em cativeiro para que seus instintos naturais ficassem debilitados. George pretendia criar uma alcateia de leões feita pelo homem, integrando Christian a ela. Tínhamos de acompanhar Christian ao Quênia e ajudá-lo a começar a se adaptar à sua nova vida. George viveria com os leões e os alimentaria até que estabelecessem seus territórios e agissem efetivamente como uma alcateia.

Percebemos que Christian talvez não gozasse de uma vida muito longa. Na média, os leões vivem até os dezoito ou vinte anos em zoológicos, mas sobrevivem aproximadamente doze a quinze anos na selva. Precisam enfrentar lutas territoriais uns com os outros, assim como secas que diminuem o número de presas. Apenas os mais fortes sobrevivem. Quando os leões caçam animais grandes, como os búfalos, se não os matarem com eficiência, podem facilmente ser feridos ou mortos. E Christian, com sua criação em Chelsea, largaria em desvantagem. Entretanto, escaparia de uma vida longa, segura, mas totalmente desprovida de sentido no cativeiro, e teria a oportunidade de tentar a sorte em seu ambiente natural.

Em nosso caminho de volta para Londres, conversamos animadamente sobre a imprevisibilidade da vida. Onde Christian estaria agora se outra pessoa o tivesse comprado na Harrods? O que teria acontecido se Bill e Virginia não tivessem entrado na Sophistocat? Por acaso eles tomaram conhecimento de nosso problema sobre o futuro de Christian e se envolveram com ele. Ao comprarmos Christian, acrescentamos novas dimensões às nossas vidas, e agora inesperadamente à dele. Sempre fora uma experiência inesquecível para nós, mas que nunca poderia ter sido lembrada sem arrependimento se Christian tivesse que passar o resto de sua vida em cativeiro. George Adamson oferecia a solução perfeita para nosso dilema com relação a Christian, um leão que parecia ter sido escolhido para ter um destino extraordinário. Quando voltamos a Londres naquela noite, Christian oportunamente fez sua primeira tentativa de rugir. Era imatura, mas reconhecível, e ficamos imensamente orgulhosos.

Christian era muito curioso e nunca resistia a uma gaveta aberta.

John (à esquerda) e Ace com Christian nas escadas do apartamento.

John (à esquerda), Christian e Ace no *showroom* da Sophistocat.

6
O LEÃO DA WORLD'S END

Bill Travers viajou para o Quênia para auxiliar nas negociações que já haviam sido iniciadas com o governo de lá. Estava confiante de que seu projeto incomum seria aceito, mas os planos se complicaram mais do que havíamos previsto. Em princípio, a autorização para fazer o documentário não era um problema. Seria uma boa publicidade para o Quênia e ajudaria a atrair mais turistas, ainda a principal fonte de renda do país. Embora a motivação principal fosse desenvolver a indústria do turismo, também havia uma consciência cada vez maior entre a maioria dos governos africanos da época sobre a necessidade de preservar e proteger os animais. Desde então, ficou óbvio que medidas mais urgentes eram necessárias, e tem havido um crescimento alarmante na disputa entre o homem e a vida selvagem por recursos e hábitats cada vez mais escassos. O governo do Quênia também estava interessado em ter o registro dos métodos de George Adamson para reabilitar leões, e sobretudo a documentação científica do experimento singular com um leão da Inglaterra.

Contudo, no ano anterior, houve uma controvérsia considerável naquele país sobre toda a questão da reabilitação dos leões. Uma criança fora levemente ferida por um dos animais de George Adamson, e esse incidente infeliz criou um pano de fundo desfavorável para nossas negociações. Alguns membros do governo viam a reabilitação como um projeto interessante, mas outros achavam que, devido ao seu contato prévio com o homem, tais leões provavelmente se aproximariam das pessoas nos parques de vida selvagem, o que poderia criar uma situação perigosa. A maioria das pessoas teme os leões, e, para os africanos, eles são inimigos tradicionais ou concorrentes naturais. Então, por que trazer mais um potencial devorador de gente da Inglaterra?

Porém, o governo do Quênia finalmente concordou em autorizar a entrada de Christian se fosse encontrado um hábitat apropriado. A área teria de ter água, presas e se localizar em uma região onde não houvesse turistas nem qualquer possibilidade imediata de desenvolvimento de turismo. Teria de ser fechada à caça e não ter habitantes africanos ou seu gado, o que representaria presas fáceis para os leões. Bill examinou várias possibilidades enquanto esteve no Quênia, mas precisou voltar para a Inglaterra, deixando a procura a cargo de George.

Entretanto, não recebemos nenhuma notícia de Bill ou Virginia durante várias semanas. Não ousávamos lhes telefonar, receando ouvir que não seria mais possível Christian ir para o Quênia. Finalmente, Bill ligou e explicou a demora. Disse-nos que George acabara de encontrar duas áreas apropriadas, e era provável que o governo do Quênia concordasse com o uso de uma delas.

Bill ficou tão confiante que decidiu que o filme começaria na Sophistocat na segunda-feira seguinte. O documentário, que se chamaria *The Lion at World's End* [O leão da World's End], seria dirigido por James Hill e estava previsto para começar com uma reconstituição do primeiro encontro de Bill e Virginia com Christian, seguida pela gravação da história exatamente enquanto acontecia. O documentário se concentraria na necessidade de proteger e preservar os animais, e Christian, por uma sorte extraordinária, seria o astro e o principal beneficiário do filme.

Nossa empolgação se misturava com apreensão. Após nossa experiência no estúdio de televisão, quando Christian apareceu no programa infantil, percebemos que era impossível prever como ele reagiria ao ser filmado. Não sabíamos em que medida estaríamos envolvidos na filmagem, e por não termos qualquer ambição de embarcar em uma carreira artística, podíamos desprezar o velho axioma teatral "Nunca concorra com animais ou crianças".

Bill e James deram instruções rigorosas para que a Sophistocat não fosse alterada para a filmagem. Pediram-nos que não cortássemos nossos cabelos e que nos vestíssemos da forma mais extravagante possível, do que hoje nos arrependemos profundamente. Porém, como a loja seria fechada para os clientes por um ou dois dias, pensamos que seria um gesto simpático para seus pacientes e tolerantes proprietários se a loja aparecesse no filme o mais elegante possível. No domingo, repintamos as paredes e o chão. Era um gesto mais simpático do que pretendíamos, pois a loja era enorme, e trabalhamos duro o dia inteiro. Só deixamos Christian subir à tarde, após a tinta do chão ter secado. A última parede ainda estava sendo terminada quando Christian derrubou a lata, espalhando tinta para todos os lados. Surpreso, ele pulou para trás, mas escorregou e caiu. Atrapalhando-se com as próprias patas, correu para o outro lado da loja. Ficamos desolados: marcas de patas brancas cobriam o chão preto, e Christian, que precisava aparecer como um leão para as câmeras na manhã seguinte, era um animal branco irreconhecível. Até tarde da noite, um de nós repintava o chão enquanto o outro, no porão, armado com toalhas e removedor de tinta, lutava para limpar Christian, que pensou que tudo aquilo fosse uma nova brincadeira.

No dia seguinte, a Sophistocat foi transformada em um *set* de filmagem. A princípio, Christian ficou ofuscado pelas luzes brilhantes e confuso com os cinegrafistas e seus equipamentos estranhos. No entanto, isso ajudou a mantê-lo estranhamente quieto, e ele só incomodou a equipe de filmagem algumas vezes. Bill e James tinham experiência com filmagem de animais e foram muito pacientes e tolerantes. Christian, entediado com a rotina da loja, adorou o dia, e estava tão cooperativo que Bill descreveu-o como um "leão de uma tomada só". No fim das contas, participaríamos de toda a filmagem, mas descobrimos que conseguíamos esquecer as câmeras nos concentrando mais intensamente em Christian, que teve um desempenho magnífico. Infelizmente, nossas poucas falas foram mais tarde dubladas com sotaques australianos horríveis, pois nossas vozes soavam "inglesas demais".

No dia seguinte, filmamos na Moravian Close, mas Christian não gostou de dividir o jardim com tantas pessoas e não foi nada cooperativo. Isso aconteceu, provavelmente, por causa de seu forte instinto territorial, e, embora adorasse correr atrás de bolas de futebol, naquele dia as ignorou totalmente. Bill e James queriam filmar algumas sequências em câmera lenta, mas quando finalmente conseguíamos fazer Christian correr ou se mexer, ele parava assim que ouvia a câmera lenta, que fazia muito barulho. Mais tarde, sem alternativa, quebramos nossas regras ao instigá-lo a nos perseguir. Éramos irresistíveis, e Christian não conseguiu acreditar na própria sorte. Apesar de nossas roupas rasgadas, o resultado foi um dia de filmagem agradável e compensador.

Alguns dias depois, vimos as tomadas dos dois dias de filmagem. Christian estava lindo, as sequências dele em câmera lenta correndo e brincando eram impressionantes, e nenhum de nós, nem mesmo Bill ou Virginia, tínhamos visto um leão em câmera lenta antes. Pela primeira vez, pudemos realmente admirar sua força, seu poder e sua coordenação perfeita.

Essa poderia ter sido a última visita de Christian ao jardim, visto que o pastor moraviano, embora gostasse muito dele, nos dissera relutantemente que não poderia mais permitir que ele se exercitasse lá. Ele fora muito tolerante, mas outras pessoas tinham acesso ao jardim e agora não poderiam mais lidar com a exuberância de Christian como nós lidávamos. A vez em que Christian obstinadamente se recusara a descer do teto do carro do pastor talvez também tenha influído. Mas quando contamos ao reverendo Williamson que estaríamos no Quênia em algumas semanas, ele cedeu e gentilmente nos permitiu ir ao jardim às 6h30. Nossas vidas tiveram de ser totalmente readaptadas, e Christian agora estava achando a sua, na Sophistocat, cada vez mais monótona e frustrante. Ele precisava que seu dia fosse interrompido por uma caminhada ao ar livre na parte da tarde, e o exercício de manhã cedo não o agradava. Bill e Virginia sugeriram construir um cercado para Christian no jardim de sua casa em Leith Hill para que nós três pudéssemos viver lá até irmos para o Quênia.

Quando o cercado ficou pronto, Christian deixou a King's Road e Londres para sempre. Muitos amigos da World's End se reuniram para lhe dizer adeus. Após vivermos vários meses temendo um acidente, foi um alívio acabarmos apenas com memórias agradáveis. Mas também estávamos tristes: nossos cinco meses extremamente felizes e irreproduzíveis com Christian em Londres haviam chegado ao fim.

Almoço com a modelo Emma Breeze no restaurante Casserole, na King's Road, Chelsea.

Christian com Mark no salão de beleza Todd's, na World's End.

7
A VIDA NO CAMPO

A casa de Bill e Virginia em Leith Hill era cercada por um jardim belo e extenso, e, embora ficasse a apenas cinquenta quilômetros de Londres, tinha uma vista panorâmica para um vale bem-preservado. Quando chegamos, os filhos e os cachorros deles ficaram dentro da casa, e Christian teve uma pequena amostra da liberdade que o esperava na África. Pela primeira vez em sua vida, ele podia fazer exatamente o que queria. Corria pelo gramado, às vezes cheirando os narcisos, e pelos bosques no meio das campânulas. Era um ambiente lindo, mas incompatível com um leão. A toda hora, Christian voltava para nós, para mostrar como estava feliz.

Era necessário que Christian vivesse no cercado, mas felizmente ele parecia muito satisfeito com isso. O cercado media 25x15m e englobava uma enorme árvore, vários arbustos e um trailer cigano colorido. Christian ficou tão empolgado que sua primeira reação foi subir na árvore, mas como nunca subira numa antes, não sabia como se virar e descer, então ficou esperando que o ajudássemos. Bill achou que Christian dormiria embaixo de um arbusto, mas achamos que ele preferiria dormir no trailer. Nós ficaríamos em outro trailer ao lado do cercado. Era primavera, o sol brilhava e tudo estava muito pacífico em comparação a Londres.

Naquela primeira noite, vendemos Christian. Um contrato foi assinado entre nós e a companhia cinematográfica que produzia *The Lion at World's End*. O projeto todo custava muito caro e, embora fosse improvável que não cooperássemos plenamente, fomos solicitados a ceder à companhia nossos direitos sobre Christian. Cedemos todo o controle legal sobre seu futuro. Recebemos quinhentas libras e tentamos ver a transação como uma formalidade necessária para o bem dele. Mas nos sentimos culpados e preferimos pensar que Christian se tornaria um cidadão queniano em vez de mera propriedade de uma companhia cinematográfica.

Christian dormiu no trailer, claro. Ele nos cumprimentou com entusiasmo na manhã seguinte, aliviado por não o termos abandonado e voltado para Londres durante a noite. Parecia despreocupado com sua mudança de ambiente e ignorou o fato de que, em termos técnicos, não éramos mais seus donos.

Esperávamos ficar em Leith Hill por apenas algumas semanas, mas George ainda estava com dificuldades para encontrar uma área que tanto ele quanto o governo do Quênia achassem apropriada, visto que as duas que havia proposto originalmente não foram aprovadas. Estávamos ansiosos para levar Christian para a África, mas detestávamos pensar que a região que finalmente atendesse a todas as exigências poderia acabar sendo pouco atraente e deserta. Sempre na expectativa de partir logo, esperávamos enquanto George continuava procurando, e as semanas se passaram. Felizmente, o verão foi bastante agradável. Passamos os dias descansando e lendo, tomando sol e brincando com Christian, e amigos foram nos visitar. Porém, como éramos ambos essencialmente urbanos, um de nós ia passar alguns dias em Londres de vez em quando.

Inesperadamente, esse tempo em Leith Hill se tornou uma fase importante na vida de Christian. Ele tinha menos restrições, uma vida menos complicada e um território mais bem-definido no qual viver. Pela primeira vez em sua vida, experimentou o ciclo natural de um dia. Dormir no trailer era um resquício da sua vida de leão londrino. O clima esteve quase sempre quente, e ele ficava letárgico durante o dia, mas se tornava bastante agitado no final da tarde e à noite. Após vivermos na Sophistocat com Christian por cinco meses e habitualmente colocá-lo para dormir às oito e meia da noite, agora descobríamos que os leões são naturalmente noturnos. Passamos a maior parte de nosso tempo no cercado, e Christian mostrava descontentamento se não estivéssemos com ele. Embora muitas vezes nos ignorasse quando estávamos do lado de dentro, mesmo quando não queria brincar conosco, como parte de sua "alcateia", ele simplesmente gostava de nossa companhia. O sistema de portões duplos instalado tornava as entradas e saídas do compartimento fáceis e seguras.

Bill e Virginia tinham três filhos pequenos e vários cachorros, e, de seu cercado, Christian observava seus movimentos de perto. Ele teria adorado ser incluído nas brincadeiras. Na Sophistocat, se Christian tivesse que ficar no porão, ele não se conformava. Ele não gostava de ser excluído de nada e esperava ter a liberdade de decidir se queria participar. Em Leith Hill, uma cerca de arame de quatro metros de altura evitava que ele se juntasse a nós, mas não de ver as brincadeiras tentadoras das quais não participava. Quando não estávamos juntos, Christian marchava frustrado junto à cerca e muito rapidamente fez uma trilha ao longo dela. Àquela altura, ele poderia estar marchando da mesma forma inútil em uma jaula. Após a curiosidade mútua inicial entre Christian e os cachorros, eles rapidamente perderam o interesse uns nos outros. Entretanto, se um dos cachorros chegasse muito perto da cerca, Christian se agachava, tenso, e abaixava as orelhas, pensando ser invisível, mas se esquecia de seu rabo, que balançava de excitação. Em seguida, corria em direção à cerca e espantava os cachorros. Esse comportamento e o número de vezes que conseguiu nos caçar e quase nos derrubar no chão nos levaram a acreditar que George estava certo e que seus instintos naturais não tinham sido prejudicados.

Decidimos fazer uma pequena preparação de Christian para a África em Leith Hill. Pelas comparações que fizéramos com outros leões no parque de safári Longleat ou em zoológicos, Christian era grande para sua idade, mas precisava ser o mais forte possível para enfrentar sua nova vida. Com exercícios constantes e a vida ao ar livre, ele parecia ainda mais saudável e continuava a crescer rapidamente; seu corpo agora era mais proporcional em relação à cabeça e às patas. Penduramos um saco cheio de palha em uma árvore, e ele adorou atacá-lo, chegando a tirar as quatro patas do chão. Esse era um bom treino para o Quênia, e esperávamos com isso desenvolver seus músculos. Ele aprendera a manter suas garras retraídas quando brincávamos com ele. As garras afiadas e com mais de dois centímetros de comprimento são armas importantes para um leão, e atacar o saco as fortalecia e o ensinava a usá-las com eficiência. Também mudamos a sua alimentação. Na selva, os leões em geral caçam à noite e têm uma dieta variada. Christian agora recebia uma leve refeição de leite e Farex de manhã e uma grande refeição à noite. Além da carne crua, lhe dávamos carne desidratada, cenouras, fígado de vaca e, às vezes, a cabeça ou o estômago de uma vaca. Sua presença em Leith Hill não fora divulgada, e o açougueiro local, perplexo com nossas encomendas de carne, perguntou: "Afinal, que criatura vocês dois estão alimentando, um crocodilo?" Como ele sabia que vivíamos com Bill e Virginia, um leão teria sido um palpite bem mais razoável.

A nova dieta de Christian melhorou seu pelo, que ficou mais grosso, macio e de uma linda cor caramelo, típica de um leão. Sua juba parcialmente negra se tornou mais pronunciada, e ele estava se tornando um leão muito bonito. Ele começou a passar mais tempo se limpando e se cuidando, embora nunca tenha sido tão meticuloso quanto os gatos. Sua língua era tão áspera que suas lambidas em nossos rostos quase arrancavam sangue. Ele perdera os dentes de leite e estreara os novos destruindo vários degraus da escada de seu trailer.

Também havia mais liberdade para ele se expressar em Leith Hill, e como tínhamos mais tempo para passar com ele e curti-lo longe das preocupações da cidade, nosso relacionamento se tornou ainda mais profundo e afetivo. Unity vinha de Londres várias vezes por semana para passar o dia com ele, e novas brincadeiras foram inventadas. Ele gostava principalmente de brincar de "carrinho de mão" com ela e se tornou perito em esbarrar em tornozelos e em derrubar pessoas. Ele tinha muitos brinquedos, um novo pneu e vários arbustos para se esconder. Ele estava feliz, e o achávamos irresistivelmente divertido. Apesar de seu tamanho, suas brincadeiras conosco eram extremamente gentis e ele continuava sendo fácil de ser controlado. Era totalmente seguro para todos os visitantes entrar no cercado com ele, exceto as crianças, que poderiam acidentalmente ser derrubadas. Um leão sempre pronto para brincar de "carrinho de mão" deve ter, além de senso de humor, amor pela raça humana.

Às vezes, quando chovia, ele ficava bastante agressivo, e então ficávamos do lado de fora do cercado. Houve um período difícil quando ele se deu conta de que podia facilmente evitar que saíssemos ao pular e nos segurar com suas enormes patas dianteiras. Nossas palmadas só o tornavam mais determinado. Dar uma palmada em um leão em uma situação como essa exigia audácia considerável. Mas, após alguns dias, ele percebeu que um comportamento desse tipo era autodestrutivo, pois significava que passaríamos menos tempo com ele. Ele decidiu então que era melhor continuar a cooperar conosco.

Compramos Christian quando ele era ainda muito jovem, e levou meses para construirmos nossa relação com ele. Admiramos a coragem de Bill e Virginia ao atuarem em *A história de Elza* e ao trabalharem com um elenco de muitos leões adultos. Eles tiveram menos oportunidades de desenvolver relacionamentos semelhantes ao nosso com Christian. Como ele partiria em breve para a África, não fazia sentido para Bill e Virginia se aproximarem tanto dele, mas eles frequentemente iam ao cercado para vê-lo. Em função de sua experiência com leões, quando estavam com Christian lidavam muito bem com ele.

A vida de Christian em Leith Hill continuou a ser filmada, com forte ênfase nos preparativos para sua reabilitação. Ele tinha uma fascinação enorme por James Hill, diretor do documentário, e passamos a maior parte de nosso tempo evitando que Christian pulasse em cima dele. James insistia em dizer que não tinha medo, mas simplesmente não queria "ter minhas calças novas rasgadas". Ele parecia vestir calças novas todos os dias que filmamos e executava seu trabalho mais confortavelmente do lado de fora do cercado.

Bill decidiu filmar a primeira visita de Christian a uma praia inglesa. Não nos entusiasmamos; três da manhã é uma hora desumana para começar o dia, e sabíamos que seria em nós que Christian pisaria durante os cem quilômetros de ida e de volta. Ele estava agora grande demais para viajar de carro, então fomos no Dormobile de Bill e Virginia, um trailer motorizado. Também foi a primeira praia inglesa que vimos, e era cinza, lúgubre e deserta. Mas o amanhecer foi lindo, e filmamos várias sequências de Christian e de nós quatro correndo na praia. Ele não tinha qualquer intenção de se molhar. Gostou do passeio, mas finalmente ficou cansado de esperar na coleira nas inúmeras vezes em que as câmeras foram reposicionadas. Era insensato irritar um leão do tamanho dele, então o levamos para casa. Mais tarde naquele dia, as marcas de suas patas devem ter deixado os banhistas confusos.

Christian já estava em Leith Hill há dez semanas, e sua vida lá começava a ficar sem graça. E a nossa também. Nosso trailer parecia encolher a cada dia. Em alguns dias, choveu incessantemente, e os atrasos contínuos eram deprimentes. Christian estava ficando frustrado novamente, e a tensão que sentimos durante as últimas semanas na Sophistocat tinha voltado. Às vezes ele subia pelo arame de seu cercado, cuja altura decidimos aumentar por medida de segurança. Esperávamos que isso fosse simplesmente uma forma de atrair nossa atenção, em vez de uma tentativa de escapar.

Em 12 de agosto de 1970, Christian comemorou seu primeiro aniversário. Unity fez um bolo para ele com carne moída. Havia uma vela em cima, e antes que Christian comesse o bolo e a vela, fizemos um pedido para que ele fosse logo para o Quênia.

No apartamento em cima da Sophistocat.

O apresentador Jack de Manio tenta entrevistar Christian para a Radio 4, mas ele não conseguiu “rugir” para os ouvintes.

Christian conhece Virginia McKenna e Bill Travers.

8
OS PAIS DE CHRISTIAN

Tínhamos de preparar Christian para a viagem ao Quênia, já que o longo voo para Nairóbi seria uma experiência difícil. A companhia aérea era a East African Airways, e os regulamentos exigiam que ele viajasse em um caixote no compartimento pressurizado. Era um voo de onze horas, mas tendo em vista que Christian seria colocado no caixote em Leith Hill, ele enfrentaria, pelo menos, quinze horas de confinamento. Quando Bill estava negociando com a companhia aérea, um representante disse: "Deve haver um engano, sr. Travers. Certamente você não pretende transportar um leão da Inglaterra para a África. Isso é como levar areia para o deserto."

Examinamos toda a questão do voo de Christian muito profundamente e telefonamos para vários comerciantes de animais e zoológicos para obter informações sobre os melhores métodos de transportar animais exóticos com segurança. Nossa pesquisa revelou que não havia consenso ou mesmo qualquer interesse específico pelo assunto. Gostaríamos de acreditar que o transporte de animais é hoje uma operação muito mais sensível e sofisticada, mas a triste verdade é que, embora se tome um grande cuidado com certos animais, a maioria ainda é transportada pelo mundo sem muita consideração por seu bem-estar. Há, por exemplo, críticas contínuas com relação às condições sob as quais as ovelhas australianas são embarcadas para o Oriente Médio.

Algumas pessoas com quem falamos sugeriram que o caixote fosse pequeno para impossibilitá-lo de se virar; quanto menos espaço, menos chances para o animal se mexer e se machucar. Conversamos com Oliver Graham-Jones, que fora veterinário sênior do zoológico de Londres e era famoso na época pelas tentativas muito divulgadas de inseminar o panda chi-chi, animal que teve de ser transportado de Londres para Moscou e de volta para Londres. Ele aconselhou que Christian fosse suavemente sedado com uma dose de calmante em sua comida, afirmando que isso seguramente diminuiria qualquer estresse. Provavelmente, Christian dormiria a maior parte da viagem. Decidimos encomendar um caixote grande o suficiente para ele se sentar ereto e se virar, com barras em um dos lados e um painel móvel no outro. Solicitamos especificamente que não houvesse superfícies ásperas ou pontas afiadas nas quais ele pudesse se machucar.

Quando o caixote foi entregue, nós o colocamos em seu cercado para que Christian se familiarizasse com ele. Ele foi alimentado nele, e fechávamos seu trailer à noite para estimulá-lo a dormir dentro do caixote. Todos os dias nós o trancávamos lá por um tempo curto para que a viagem verdadeira não fosse um choque muito grande.

A East African Airways cobrou duas libras por libra-massa para levar Christian para o Quênia, então tivemos de pesá-lo. Pegamos emprestadas algumas balanças do açougueiro, que ficava cada vez mais perplexo, e as amarramos a uma corda que pendia da árvore. Colocamos um saco vazio sob o estômago de Christian, o levantamos e prendemos ambos os cantos do saco ao gancho no fundo das balanças. Ele balançou indefeso, mas tranquilo. Fora um esforço tremendo para Bill e nós dois o levantarmos, e não ficamos surpresos quando vimos que ele pesava setenta e três quilos. Também era necessário apresentar um certificado de saúde, e Christian foi examinado por um veterinário e vacinado com Catovac, como forma de proteção contra doenças para as quais ele não teria imunidade na África.

Sempre quisemos conhecer os pais de Christian no zoológico de Ilfracombe, em Devon, e por causa do atraso em Leith Hill, agora tínhamos a oportunidade de visitá-los. O zoológico era igual a muitos zoológicos de cidadezinhas interioranas espalhadas pela Inglaterra na época, a maioria dos quais já fechou. Ilfracombe é um *resort* de férias popular, e havia acomodações em chalés ao lado do zoológico. Havia uma atmosfera de parque de diversões um tanto desleixada, e jaulas deprimentemente pequenas e simples para uma variedade de chimpanzés, lhamas, pássaros e até mesmo alguns cangurus feiosos. Os leões eram a atração principal, e os pais de Christian, Butch e Mary, eram os leões mais magníficos que já tínhamos visto. Apesar de suas condições de vida restritas, pareciam muito saudáveis. Diferentemente dos leões na selva, que descansam entre as caças até sentirem fome de novo, Butch e Mary eram alimentados diariamente para que não rugissem à noite e perturbassem os turistas nos chalés vizinhos. Christian se parecia muito com seu charmoso pai de juba farta e três anos de idade. Butch e Mary formavam um par afetuoso, mas marchavam incessantemente pelo chão de cimento de sua pequena jaula. O dono do zoológico estava disposto a vendê-los por quinhentas libras, mas não ousamos perguntar a Bill se Butch e Mary poderiam ir para o Quênia também.

Perguntamos ao dono sobre as irmãs de Christian, e ele nos informou o nome do comerciante de animais para quem ele os vendera. Contatamos esse comerciante, mas como ele vendera cinquenta e oito filhotes de leão em 1969 e não mantinha registros detalhados, só podia dizer que achava que elas tinham sido vendidas para um circo. Marta, a irmã de Christian na Harrods, fora comprada com um cheque fraudulento e imediatamente revendida para um terceiro não identificado. A carta a seguir, enviada para o comprador da Harrods, Roy Hazle, fornece algumas explicações:

Prisão de Sua Majestade
Jobb Avenue
Brixton
Londres SW2
26 de dezembro de 1969

Prezado senhor,

Soube que o senhor e sua esposa, que trabalha com o senhor, estão preocupados com a filhote de leão que comprei de vocês. Permita-me tranquilizá-los e dizer que ela se encontra em uma casa muito boa que possui um excelente galpão aquecido e um grande quintal para brincar. Duas lindas meninas tomam conta dela, já que é o bicho de estimação da família, e ela come a melhor comida. Recebe uma dúzia de ovos e leite fresco todos os dias e bastante carne; vive na casa de uma estrela de cinema. Portanto, por favor, não se preocupe e diga à sua esposa, que costumava cuidar dela, que ela não poderia estar em um lar melhor. Isso a deixará tranquila porque eu sei que ela gostava muito dela. Portanto, por favor, não se preocupem, pois ela está sendo muito bem-tratada.

Atenciosamente,
J.R. Styles

Apesar dessa carta e de outros esforços para encontrar Marta, nenhum sinal dela jamais foi descoberto.

Parece irônico que, enquanto tantos cachorros e gatos possuem *pedigree*, era quase impossível naquela época rastrear a história de um leão, visto que muito poucos registros eram mantidos. Hoje, a situação mudou dramaticamente, já que praticamente só os grandes zoológicos nacionais sobreviveram, e, para proteger a diversidade genética, é necessário manter registros precisos de cada animal. Butch foi comprado do zoológico de Roterdã e pode ter tido algum parentesco com Elza, já que Joy e

George Adamson enviaram as irmãs de Elza do Quênia para Roterdã em 1956. A história da família de Christian era infelizmente típica do destino dos animais em cativeiro, e, ao comprarmos Christian, participamos involuntariamente de sua perpetuação.

Inevitavelmente, comparamos o futuro de Christian com a vida de seus pais. A liberdade, em vez do cimento, das grades e do tédio. Nenhum de nós jamais visitara um zoológico em que achamos que os animais fossem confinados de forma bem-sucedida e se sentissem felizes. Os zoológicos deveriam ser constantemente monitorados e certas normas deveriam ser obrigatórias. No entanto, ser contra zoológicos é irrealista, uma vez que hoje eles fazem pesquisas científicas e genéticas muito valiosas que assegurarão a preservação de espécies em extinção. Certos animais, tais como o órix africano, o rinoceronte-branco da África do Sul e o rinoceronte-negro do Quênia e da Tanzânia, que estão quase em extinção em seu hábitat natural, foram salvos.

Christian despertara em nós um sentimento generalizado de responsabilidade para com todos os outros animais. Bill e Virginia disseram que sua relação com os leões durante a filmagem de *A história de Elza* tivera uma enorme influência em suas vidas, e frequentemente discutimos com eles toda a questão da preservação e da proteção dos animais selvagens. Percebemos pela primeira vez como o homem tem sido drasticamente míope. Muitas das questões que discutimos se tornaram desde então ainda mais urgentes, tendo em vista a disputa cada vez maior entre o homem e os animais selvagens pelos hábitats e recursos, incluindo a água, a degradação do meio ambiente e as consequências do aquecimento global. O que se tornou ainda mais óbvio para nós é o inter-relacionamento entre o homem e o meio ambiente e a necessidade de que as soluções sejam holísticas.

Sentados em nosso trailer em Leith Hill, decidimos criar o melhor zoológico do mundo. Nosso zoológico seria um exemplo para todos os outros, forneceria as melhores condições de vida possíveis em cativeiro e disponibilizaria as informações mais atualizadas sobre a vida animal. Renomados especialistas internacionais trabalhariam em conjunto com arquitetos e engenheiros de ponta para criar um ambiente de natureza sensível e sofisticada. Além de nossos animais perfeitamente expostos, saudáveis e felizes, teríamos auditórios, nos quais zoólogos e outros especialistas fariam palestras, e cinemas para exibir documentários sobre animais em seu estado natural. Teríamos livrarias e uma biblioteca com livros e filmes. Nosso zoológico se tornaria um centro de pesquisa e informações, fornecendo normas e conselhos sobre a preservação e os cuidados com animais em cativeiro para pessoas no mundo inteiro.

Começamos a pensar como poderíamos projetar um cercado mais apropriado para Christian, onde ele se sentiria menos restrito. Por que tantos animais em zoológicos têm de viver em compartimentos e jaulas que possuem uma simetria monótona, sem variedade, com pisos de cimento práticos mas frios, e desprovidos de qualquer imaginação em seu desenho? Por que não haver compartimentos com um corredor central fechado, por onde as pessoas possam andar e os animais possam ter a liberdade de caminhar quase inteiramente ao redor delas? Haveria, pelo menos, alguma transferência do sentimento de restrição. Atualmente, ficamos felizes em observar que algumas dessas ideias foram consideradas no replanejamento e na construção de algumas áreas cercadas, e que o bem-estar dos animais se tornou uma prioridade. O zoológico de Frankfurt, na Alemanha, foi líder nesse campo, e o parque Taronga, em Sydney, possui algumas áreas cercadas com criatividade.

Esperamos tanto tempo em Leith Hill que Christian ficou grande demais para seu caixote. Percebemos que, quando ele era trancado lá, às vezes batia com as patas nas barras verticais, frustrado, e esfregava-as até ficarem em carne viva. Para seu próximo caixote, que seria maior, solicitamos que as barras fossem dispostas horizontalmente, o que impossibilitaria que ele se machucasse dessa forma. Embora a empresa que fez o caixote trabalhasse com zoológicos e comerciantes de animais há vários anos, nunca pediram para fazer essa melhoria tão óbvia. Para nós, isso era uma amostra do quanto os comerciantes de animais eram insensíveis.

Após três meses em Leith Hill, começamos a nos desesperar, achando que George nunca encontraria o lugar adequado para a reabilitação de Christian, e tememos qualquer alternativa que pudéssemos ser obrigados a considerar. Ficamos deprimidos com os atrasos contínuos e as condições de vida apertadas. Estávamos menos deslumbrados, questionávamos a forma como estávamos sendo retratados no filme e temíamos que Christian estivesse se tornando apenas mais um animal em mais um documentário de Bill Travers e Virginia McKenna sobre a vida selvagem. Mas a história de Christian era única. Ele era a estrela inquestionável do filme, e nós todos apenas coadjuvantes inexpressivos. E então, como acontecera em Londres, justo quando a situação parecia se aproximar de um ponto crítico, o sinal para o próximo ato na vida de Christian surgiu na hora H. George Adamson nos enviou uma mensagem: Christian partiria da Inglaterra rumo ao Quênia em poucos dias.

De olho nos clientes da Sophistocat.

Brincando de esconde-esconde na Moravian Close.

Christian em Leith Hill com dez meses. Sua juba começava a crescer.

Virginia McKenna, Bill Travers, Ace e John sentados no trailer cigano de Christian em Leith Hill.

9
"COMO LEVAR AREIA PARA O DESERTO"

Em 22 de agosto de 1970, às 15h30, Christian foi colocado em seu caixote, não pelos habituais cinco minutos, mas por pelo menos quinze horas. A chuva torrencial seria sua última recordação da Inglaterra. Ele tomou tranquilizantes leves, colocados em pedaços de carne, e depois carregamos seu caixote para a caminhonete que o levaria para o aeroporto de Heathrow. Os leões não têm bagagem, e podíamos nos desfazer da sua coleira, visto que não haveria mais utilidade para ela. Unity tinha, claro, ido a Leith Hill para se despedir dele e, chorosa, prometeu visitá-lo no Quênia.

Seguindo Bill e Virginia em seu carro, viajamos para o aeroporto na caminhonete com Christian, que estava confuso, mas não assustado. O carro em que estava nosso cinegrafista foi parado pela polícia por filmar sem autorização, por direção perigosa e por obstruir o trânsito. Porém, a combinação de Virginia McKenna com um leão a caminho da África convenceu os policiais surpresos a serem tolerantes, e o comboio foi autorizado a prosseguir.

Em Heathrow, nos dirigimos diretamente para a pista de decolagem e estacionamos ao lado da aeronave da East African Airways. Sacos de estopa foram amarrados em volta do caixote para servir de isolamento contra o frio durante a longa noite de voo. Os tranquilizantes se provaram eficientes, pois Christian estava bem relaxado, apesar do barulho de outros aviões e da multidão curiosa que se juntava. Às 17h30, o caixote de Christian foi içado para o pequeno compartimento pressurizado do avião. Foi um momento dramático e preocupante, pois percebemos que havia a possibilidade de que, no compartimento, sozinho entre as bagagens, Christian pudesse morrer.

Deixamos a Inglaterra às 19h com Bill, o pessoal da filmagem e Christian, em algum lugar embaixo de nós. A única escala prevista antes do aeroporto Jomo Kenyatta, no Quênia, era em Paris, uma hora depois. Fomos autorizados a entrar no compartimento, onde, para nosso grande alívio, encontramos Christian adormecido e calmo. Decidimos que não havia necessidade de dar-lhe mais tranquilizantes, então simplesmente colocamos pedaços de carne no caixote e enchemos o pote com água novamente. Mas a parte mais difícil e longa do voo ainda estava por vir.

Descemos em Nairóbi às sete da manhã. Espera-se sol o tempo inteiro na África, como na Austrália ou na Califórnia, mas estava nublado e frio. Embora tivéssemos verificado que não estaríamos na estação chuvosa, nos passara despercebido o fato de que seria inverno. Esperamos ansiosamente o caixote de Christian ser descarregado na pista de decolagem. Ele tinha sobrevivido! Sua provação estava quase no fim, mas como o efeito do tranquilizante havia passado, ele agora estava muito agitado. George Adamson estava lá para nos receber e providenciou que Christian fosse levado a um cercado de espera para animais, onde ele aguardou até passarmos pela imigração e pela alfândega. Christian ficou aliviado por ser liberado para sair do caixote e nos cumprimentou afetuosamente. George o descreveu como "um companheirinho lindo e amigável". Embora não estivesse machucado e não tivesse qualquer marca, Christian cambaleava e parecia completamente exausto. Seus olhos estavam turvos, o pelo perdera o brilho, e ele parecia mais magro. No entanto, simplesmente não podíamos acreditar que, após todos os atrasos e frustrações, Christian chegara a salvo ao Quênia e escapara do destino de uma vida de cativeiro na Inglaterra.

Finalmente conhecemos George Adamson, que reabilitara Elza, sabia mais sobre leões do que qualquer outra pessoa no mundo e apresentaria Christian à selva. Ele era uma figura surpreendentemente pequena e elegante, que vestia uma roupa de safári cinza perfeitamente engomada, tinha cabelo grisalho bem-aparado e uma barbicha pontuda. Sua fala era mansa, mas tinha olhos azuis penetrantes que pareciam nos examinar. Aliás, em sua apresentação a este livro, George diz que confiou imediatamente em Christian, mas não em nós! Foi somente após alguns dias que ele ficou mais descontraído em nossa companhia. Era inteligente, divertido e admitiu estar emocionado e entusiasmado com o desafio de reabilitar Christian.

A área reservada pelo governo do Quênia para esse propósito ficava em Kora, perto de Garissa, a quatrocentos e cinquenta quilômetros a nordeste de Nairóbi. Para chegar a Kora, uma trilha final de trinta quilômetros fora aberta na mata pelo irmão de George, Terence Adamson, com uma equipe de trabalhadores africanos. Bill e George decidiram fazer a viagem em duas etapas, para dar tempo suficiente para o acampamento ser preparado para nossa chegada. Também seria mais fácil para Christian.

Kora fora oferecida porque ninguém mais a queria. George a descreveu como uma parte do Quênia isolada e pouco atraente, onde poucos africanos viviam. Havia moscas tsé-tsé que transmitiam doenças, e na estação chuvosa ela podia se tornar inacessível. A caça, embora não abundante, seria adequada para Christian e para os outros leões da alcateia que George pretendia formar. Para o uso exclusivo dessa terra indesejada, a companhia cinematográfica tinha de pagar setecentas e cinquenta libras por ano.

Christian ficou no cercado de espera do aeroporto por dois dias. Permanecemos em Nairóbi, e várias vezes por dia íamos lá vê-lo e alimentá-lo. Aparentemente, ele se contentava em dormir se não estivéssemos lá, mas o voo parecia tê-lo exaurido e desorientado. Nossas visitas atraíam multidões enormes de africanos, e percebemos que a maioria deles nunca tinha visto um leão ou muitos outros animais nativos. Até o início da década de 1970, apenas turistas tinham condições financeiras para visitar os parques de vida selvagem. Cada vez que Christian andava na direção do portão do cercado, a multidão dava um passo para trás, apreensiva. Quando conversamos com vários funcionários públicos no aeroporto, ficou claro que eles não viam sentido algum em tentar reabilitar um leão, muito menos um trazido da Inglaterra a um custo tão alto.

Visitamos o Parque Nacional de Nairóbi e vimos muitos animais em seu ambiente natural, embora estivéssemos a apenas vinte e cinco quilômetros de Nairóbi, e o Hotel Hilton fosse claramente visível no horizonte. Bill teve a oportunidade de mostrar a George e a várias outras pessoas as primeiras sequências do filme gravadas na Inglaterra, e George ficou muito interessado em ver um leão filmado em câmera lenta pela primeira vez.

No final do segundo dia, Christian estava totalmente recuperado do voo, então, na manhã seguinte bem cedo, deixamos Nairóbi em vários Land Rovers para a primeira etapa da viagem. Christian viajou na parte traseira do Land Rover de George e, para nossa preocupação, ele andou de um lado para o outro sem parar e esfregou partes de seu nariz e sua testa, que ficaram em carne viva, na cerca de arame entre ele e os assentos da frente. Paramos várias vezes para dar-lhe água e tentar acalmá-lo, e George provavelmente achou que estávamos desnecessariamente preocupados com nosso leão mimado. Numa dessas paradas, George nos avisou que Christian poderia fugir se o deixássemos sair do veículo, mas ficamos muito orgulhosos quando, para total surpresa de George, ele obedientemente pulou de volta para dentro do carro.

À medida que o dia passava, a paisagem se tornava mais quente, seca e deserta. Ficáramos desanimados com a descrição de Kora feita por George e agora podíamos ver com nossos próprios olhos a natureza do ambiente em que Christian iria viver. Dirigimos mais trezentos quilômetros e, logo antes de anoitecer, chegamos ao acampamento temporário onde passaríamos duas noites, preparado por uma empresa de safári contratada para tomar conta de nós. Christian estava exausto, e o levamos para um cercado pequeno que foi construído para ele. Decidimos colocar nossas camas lá dentro, junto com ele, que prontamente subiu em uma delas e caiu no sono. Sua primeira noite na selva africana!

Na quietude e no clima fresco da noite africana, sentamos à mesa muito bem-posta, onde africanos em *kaftans* azuis esvoaçantes, boleros vermelhos e bonés nos serviram uma deliciosa refeição de três pratos. Foi uma surpresa surreal, mas agradável. Durante o jantar, George se descontraiu, nos pediu para tratá-lo por "você" e nos contou sobre os outros leões que seriam reabilitados juntamente com Christian. Para sua alcateia artificial, George já tinha dois outros leões esperando em Naivasha. Uma era Katania, uma leoa de quatro meses, cuja mãe acreditava-se estar morta, e que fora encontrada e dada a George. O outro era Boy, um leão de sete anos de idade que tivera uma vida extraordinária.

Em 1963, quando eram filhotinhos, Boy e sua irmã Girl foram abandonados ou perdidos e encontrados pelo sargento Ryves, do Regimento de Guarda Escocês que estava baseado perto de Nairóbi. Os filhotes foram amorosamente criados por sua mulher Hildegarde e suas duas filhas pequenas Jenny e Patricia, e eram tão amigáveis e populares que se tornaram mascotes do regimento. Quando o regimento retornou ao Reino Unido, sugeriu-se inclusive que Boy e Girl fossem com ele, mas felizmente eles foram entregues a Joy e George Adamson para serem reabilitados. Antes de serem devolvidos à selva, os filhotes foram usados no filme *A história de Elza*, e Girl interpretou Elza. A maioria dos outros leões usados na filmagem foi vendida para zoológicos e circos, o que irritou Joy, George, Bill e Virginia e acabou criando uma controvérsia amplamente difundida. Em abril de 1965, Boy e Girl se mudaram, junto com George, para o Parque Nacional Meru.

A reabilitação deles fora bem-sucedida, mas, em outubro de 1969, Joy, por acaso, encontrou Boy magro e muito ferido, talvez por um búfalo. O leão foi operado pelo dr. Tony Harthoorn e sua mulher Sue, veterinários experientes em vida selvagem, e durante a complicada cirurgia inseriram um pino de aço em uma das pernas de Boy. Joy e George cuidaram dele por nove meses em Naivasha. Fora uma feliz coincidência Bill contatar George a respeito de Christian na mesma época em que Boy estava quase recuperado para ser liberado novamente. George deixaria nosso acampamento em poucos dias para pegar Boy e Katania em Naivasha.

Na manhã seguinte, Christian fez sua primeira caminhada na África. Simbolicamente, tiramos sua coleira, que agora seria permanentemente descartada, e o seguimos juntamente com Bill e George. A paisagem era estéril — apenas os arbustos espinhentos pareciam prosperar — e totalmente sem atrativos. Christian, que era grande demais para uma loja de móveis de Londres, parecia pequeno em tal contexto. Estava muito quente, e ele simplesmente andava com calma, assimilando tudo. Instintivamente descobriu como retirar espinhos de suas patas macias com os dentes, e vimos que a cor de seu pelo era uma camuflagem natural. Obviamente, estava em seu ambiente adequado.

Visto que se tratava de uma região seca, pensamos ser improvável vermos qualquer outro animal, mas à tarde uma *gombi* desgarrada, uma grande vaca africana doméstica, veio vagando na direção do acampamento. Separada de seu rebanho, ela procurava água ou comida. Christian viu a *gombi* e imediatamente começou a caçá-la. O animal tinha chifres enormes e afiados, e George nos avisou para impedirmos Christian, pois ele era inexperiente e podia facilmente ser ferido. Não conseguimos refreá-lo, então George correu para seu Land Rover e o colocou entre Christian e a *gombi*, que então fugiu correndo. Antes que Christian pudesse segui-la, ambos o agarramos para colocá-lo no Land Rover. Pela segunda vez na vida, ele rangeu os dentes num aviso aterrorizador, e instantaneamente o soltamos. A *gombi* desaparecera e Christian, compreensivelmente zangado, nos seguiu relutante de volta ao acampamento.

George ficou impressionado com Christian e sua caça perfeita e instintiva à *gombi*, e explicou-nos como ele se espalhara em um semicírculo amplo, usando a cobertura natural dos arbustos. Ele se posicionara corretamente para que o vento não levasse seu cheiro para a *gombi* e a alertasse. George disse: "Não teremos nenhum problema para adaptar o jovem Christian à selva." E, novamente, sentimos um orgulho enorme.

Faltavam agora cento e trinta quilômetros para nosso último acampamento em Kora. A estrada era ruim, coberta por poeira de cinzas vulcânicas, então tivemos que dirigir muito devagar. Quando nos aproximamos do acampamento, no rio Tana, para nosso alívio a paisagem se tornou ligeiramente mais fértil e variada. Entre outros animais, vimos elefantes, antílopes e algumas girafas, e a África começou a ganhar vida para nós. Passamos por uma vila cujos habitantes vestiam roupas simples enroladas no corpo, colares e pulseiras. Eram os primeiros africanos que víamos que aparentemente viviam da mesma forma há séculos e não vestiam roupas ocidentais desmazeladas.

Pelos últimos trinta quilômetros foi frequentemente necessário usar a tração nas quatro rodas dos Land Rovers, sobretudo quando cruzamos leitos de rios arenosos, e a razão pela qual a área ficava às vezes inacessível na estação chuvosa se tornou óbvia. Chegamos no fim da tarde e achamos o acampamento em um ambiente inesperadamente lindo. Nossas barracas ficavam entre as inconfundíveis palmeiras tebaicas, ao lado do largo rio Tana. A longa viagem de Christian acabara, e não podíamos acreditar que o tínhamos realmente levado para o lugar em que iria viver. No entanto, sem dúvida havia muitos desafios a enfrentar, como, por exemplo, encontrar outros leões... e simplesmente sobreviver.

George partiu na manhã seguinte para buscar os outros leões em Naivasha e ficou fora por vários dias. Fomos muito mimados; nossas barracas eram confortáveis e sem insetos, recebíamos nossas refeições prontas, banhos quentes eram preparados, nossas roupas lavadas e, de alguma forma, até passadas. Christian tinha um cercado próximo às barracas para dormir à noite. No entanto, os africanos da empresa de safári tinham pavor dele, e quando ele os provocava além da conta, tínhamos de mantê-lo no cercado durante o dia também. Por causa do calor, estávamos todos letárgicos. Christian se comportava como um turista da pior espécie, evitando o sol e relaxando em nossas camas dobráveis sempre que podia, provavelmente sonhando com o clima mais fresco da Inglaterra.

De manhã cedo, antes de ficar quente demais, ou no final da tarde, saíamos para caminhar com Christian. Nunca esqueceremos a liberdade de simplesmente andar com ele, após oito meses na Inglaterra repletos das restrições que lhe impusemos. Ele ia à nossa frente como um guia e sempre insistia em escolher o caminho. Porém, conduzíamos Christian com facilidade e ele não mostrava nenhum interesse de vagar sozinho. Felizmente, nessas caminhadas, não encontramos nenhum outro animal, pois após nossa experiência com a *gombi*, sabíamos que não conseguiríamos contê-lo. Se fôssemos nadar, ele se sentava à sombra e ficava observando. Ficava fascinado com os babuínos gritando para ele da outra margem do rio, observava os hipopótamos que ocasionalmente vinham à superfície e os crocodilos que deslizavam ameaçadoramente para dentro da água sempre que aparecíamos.

A filmagem continuou intermitentemente e, para surpresa de todos, os "australianos da King's Road" se adaptaram muito facilmente à África, se comparados com a equipe de filmagem inglesa. Estávamos acostumados ao calor e não ficamos queimados de sol, sabíamos dirigir os veículos e tínhamos um bom senso de direção, adorávamos a mata e nadar no rio, e, claro, provamos nos sentir confiantes e à vontade com leões.

De várias maneiras, Christian era como um novato, com muito a aprender. Com suas patas grandes, ele era muito estabanado e inábil para subir em rochas, e frequentemente tínhamos de lhe mostrar o caminho ou ajudá-lo. Pela primeira vez em sua vida, ele não dependia totalmente de nós para se divertir, mas estávamos ligeiramente preocupados com sua falta de interesse em descobrir qualquer coisa por si mesmo. Sabíamos que ele era capaz de tirar espinhos de suas patas sozinho, mas muitas vezes ele simplesmente parecia indefeso e esperava que nós o fizéssemos. Suas patas ainda eram macias, e por causa das longas caminhadas e dos espinhos ficaram bastante esfoladas, mas logo começaram a engrossar.

Christian estava contente, livre e muito carinhoso conosco. Embora fosse agora um animal grande, às vezes ainda pulava espontaneamente em nossos braços, um gesto de afeição que quase nos derrubava no chão. Logo os outros leões chegariam, e esperávamos que eles tornassem a vida de Christian mais completa.

Christian brincando de carrinho de mão com sua melhor amiga, Unity Bevis-Jones.

John brincando com Christian em Leith Hill.

John tirando um graveto da boca de Christian.

John, Christian e Ace relaxando em Leith Hill.

10
UM LEÃO SÚDITO DE UM LEÃO

Enquanto George foi para Naivasha buscar Boy e Katania e nós ficamos na beira do rio, Terence Adamson construiu um acampamento permanente para George em um lugar bem menos atraente, a vários quilômetros do rio Tana. O objetivo era impedir que os leões cruzassem as águas infestadas de crocodilos até a outra margem, que era uma "área de caça", onde caçadores pagavam para caçar animais específicos e, portanto, havia um perigo real de que os leões pudessem ser abatidos a tiros. George pretendia viver em Kora por pelo menos dois anos, o que lhe daria tempo para formar uma alcateia, e, aos leões, a oportunidade de estabelecer seu território e aprender a viver independentemente. Esse segundo acampamento tinha várias barracas e tendas em dois grandes cercados de arame.

Poucos dias depois, George voltou com Boy e Katania, que foram levados direto para o seu acampamento. Em dois dias, eles se recuperaram da longa viagem, e estava na hora de Christian ser apresentado aos primeiros leões africanos que conheceria. O primeiro teste de sua reabilitação seria sua capacidade de assimilar a convivência com outros leões sem ficar em desvantagem por causa de sua convivência com o homem. George explicou que a apresentação teria que ser gradual, ao longo de semanas ou meses. Ele queria viver com Christian em um cercado, enquanto Boy e Katania ficavam no outro, separados por uma cerca de arame alta e forte no meio. Vivendo lado a lado, eles desenvolveriam uma familiaridade e, mais tarde, poderiam ser plenamente apresentados. A compatibilidade não pode ser garantida em qualquer relacionamento, humano ou animal, mas sobretudo nesse caso de Christian e Boy, dada a diferença de idade e o fato de ambos serem machos.

Inseguros sobre o que aconteceria, animados mas apreensivos, levamos o inocente Christian de carro até o acampamento de George. Ele nos seguiu para dentro do primeiro cercado, e no outro vimos Katania e Boy. Katania era pequena e bonita, mas nossa atenção se concentrou em Boy. Ele era enorme, impressionante. Ficou imóvel e com os olhos pregados em Christian, que imediatamente percebeu sua presença, mas não quis nem olhar para ele, compreensivelmente confuso e apavorado.

Andamos na direção de Bill e George, que estavam de pé a alguns metros da cerca de arame divisória. Christian relutou em nos seguir, mas vagarosamente veio atrás de nós, seus olhos evitando os de Boy. Desnorteado, se encolheu atrás de nós, apertando-se contra nossas pernas. Katania sentiu o que estava por vir e sabiamente se manteve bem distante. De repente, com um rugido ensurdecedor, Boy avançou ferozmente em Christian. Com o peso, a cerca cedeu ligeiramente, e todos nós nos dispersamos. O pobre Christian permaneceu onde estava, mas com os músculos retesados e os dentes à mostra. Momentaneamente satisfeito, Boy se afastou. Christian ficou bastante abalado e precisou de consolo. Apoiou-se em nossas pernas e sentou em cima de nossos pés, insistindo que não o deixássemos. Foi obviamente um choque para ele descobrir que não era o único leão no mundo, e, pior ainda, que o primeiro que encontrou tinha pelo menos o dobro de seu tamanho. Esperamos a alguns metros de distância da cerca por aproximadamente meia hora. Boy manteve um olhar indiferente para Christian, que ora se sentava em nós, ora se escondia atrás de nossas pernas fingindo estar dormindo. Várias outras vezes, Boy avançou em Christian, que novamente se agachou e mostrou os dentes.

Afastamo-nos da cerca; a apresentação inicial tinha acabado. Boy se comportara como previsto, pois, por ser um leão adulto, exigia submissão de Christian, mas George observou que Christian também se comportara como previsto e da forma correta, agachando e respeitando um macho mais velho. Christian ficou muito nervoso o dia inteiro e, embora estivesse constantemente de olho em Boy, permaneceu perto de nós, bem afastado da cerca. Naquela noite, montamos uma cama para ele entre as nossas, mas nosso sono foi interrompido pelos rugidos poderosos e assombrosos de Boy, que assustaram tanto Christian quanto nós.

Christian passou a maior parte do dia seguinte na cama de George, embora estivesse livre para deixar o cercado se quisesse. Estávamos muito preocupados com ele, já que parecia demasiadamente à vontade na cama e não se interessava por Boy ou Katania. De vez em quando, lançava um olhar frio ao cercado vizinho. Porém, no fim da tarde, andou alguns metros em direção à cerca divisória. Katania se aproximou e flertou levemente com ele. Definitivamente Christian estava interessado, mas não chegou mais perto. Boy avançou novamente e Christian se encolheu. Ele então recuou sem mostrar medo e voltou para nós, e sentimos que aquele tinha sido um passo positivo.

Na manhã seguinte, George construiu uma portinhola entre os dois cercados para que Katania pudesse ficar com Boy ou com Christian. A apresentação crucial seria entre Boy e Christian, mas Katania poderia ser um elo útil. Hesitantemente, ela passou pela portinhola duas vezes, mas Christian, claro, estava dormindo na cama e não a viu. Novamente, ficamos preocupados com a falta de interesse de Christian em se relacionar com outros leões. Ele fingia que eles não existiam, mas sentíamos que ele sabia exatamente quais eram seus movimentos.

Mais tarde, nós o levamos para passear, e ele pareceu aliviado por se afastar de Boy e Katania. A mata se estendia infinitamente, interrompida apenas ocasionalmente por alguns rochedos. George escolhera o local do acampamento por várias razões, mas Kora Rock, o grande rochedo que havia perto, era ideal para os leões usarem como ponto de observação. Lá era monótono em comparação com o rio Tana, mas ainda bastante bonito: vários matizes de cinza e marrom, e manchas de verde ao redor de fontes d'água secas. Árida e coberta principalmente por arbustos baixos, grossos e espinhosos, era uma área adversa para os leões viverem. Christian chegara ao que se podia descrever como outra "World's End" [Fim de Mundo].

De volta ao acampamento, Christian provocou os homens que construíam as cabanas; mordeu alguns traseiros e joelhos, e pulou sobre tudo que eles estivessem carregando. Esses africanos se adaptaram a Christian, mas estavam sempre desconfiados dele, visto que os leões são seus inimigos tradicionais. George estava fascinado em ver que Christian, ao contrário da maioria dos outros leões, não tinha preconceito de cor. Boy, que aceitava os europeus, rosnava ferozmente todas as vezes que um africano chegava perto de seu cercado, mas Christian não compartilhava essa antipatia e nos divertiu pela tarde inteira. Ele parecia uma caricatura de leão.

De ótimo humor, Christian agora começava a provocar Boy. Focava sua atenção quase inteiramente nele e, um pouco mais tarde, caminhou corajosamente até a cerca divisória e se deitou. Boy avançou, e Christian se virou e correu. Mas voltou minutos depois e pareceu estar implicando com Boy, que ficou ultrajado com tanto atrevimento e novamente avançou furiosamente. Christian até passou a cabeça através da portinhola de Katania, mas retirou-a rapidamente quando Boy o descobriu. Talvez estivesse cansado de não ter contato com eles; no entanto, estranhamente, ainda parecia sentir que era mais natural ficar com humanos do que com leões. Certamente, parecíamos admirá-lo ainda mais.

No dia seguinte, George decidiu que era hora de Christian encontrar Katania, que, após suas primeiras experiências exploratórias, mostrava relutância em deixar Boy, passar pela porta e ir até Christian. Era incomum um leão adulto e uma leoa de quatro meses de idade terem um relacionamento tão forte e afetuoso, porque em uma alcateia natural um leão adulto tem pouco contato com os filhotes. Porém, como tinham vivido juntos em Naivasha, Boy, provavelmente para seu constrangimento, ganhara o papel de mãe substituta de Katania.

George levou Boy para fora de seu cercado, e Christian, seguro do outro lado da cerca, seguiu-o enquanto ele passava. Boy correu para a cerca, mas seus ataques agora pareciam menos convincentes, e suspeitamos de que ele já estava entediado com essa demonstração obrigatória de autoridade. Curiosamente, quando Boy atacou dessa vez, Christian mostrou os dentes como sempre, mas pela primeira vez rolou de costas, o gesto de submissão de um leão mais novo que Boy exigia.

Com Boy do lado de fora, podíamos então levar Christian para dentro do outro cercado. Ele foi até a outra ponta, onde Katania andava de um lado para o outro, arrasada por sua separação de Boy. Christian se aproximou dela confiantemente, e os dois trocaram um cumprimento lindo, suas cabeças tocando uma na outra gentilmente. Ele estava intrigado e continuamente a lambia e cheirava. Ciumento, Boy observava tudo isso de fora, mas, após um ataque inicial à cerca para demonstrar sua desaprovação, pareceu resignado.

Christian e Katania brincaram juntos e, embora fosse muito maior, Christian foi muito gentil. Katania gritou nas poucas ocasiões em que ele foi violento demais com ela. Christian a seguia, esbarrando em suas patas traseiras, fazendo-a tropeçar. Essa era uma brincadeira que ele e Unity inventaram em Leith Hill. Christian estava maravilhado por ter um leão para brincar, e, mais tarde, até achamos que estava presunçoso e desdenhoso conosco!

Boy foi levado de volta ao nosso cercado, e Katania correu pela portinhola para cumprimentá-lo. Após cheirá-la, ele fez caretas, expondo os dentes para demonstrar seu descontentamento com o cheiro de Christian, mas outro passo importante havia sido dado. Estávamos muito desconfortáveis com o fato de Boy passar a noite em nosso cercado junto conosco, visto que também não fôramos apresentados a ele. Para nosso espanto, Boy escolheu dormir em nossa barraca, e não ousamos nos opor. Isso realmente nos amedrontou. Não o conhecíamos, e ele não nos conhecia. Estávamos associados a Christian, que, como um macho jovem, deve ter sido considerado uma ameaça para ele. Em várias ocasiões, Boy gentilmente levantou nossos braços com seus imensos dentes, e foi difícil não entrar em pânico. Movimentos rápidos e inesperados podem alarmar e assustar os leões, o que pode ter consequências perigosas, e tentamos mostrar tranquilidade e não revelar medo. Boy urinava onde queria, marcando seu território, e nós simplesmente pisávamos em ovos com ele. Nós o achávamos muito misterioso e particularmente acreditávamos que sofrera ferimentos, operações e anestesias demais para seu comportamento ser previsível.

No dia seguinte, George achou que já era hora de Christian ser apresentado a Boy com segurança fora do cercado. Todos nós esperávamos por esse encontro, mas tínhamos consciência de que, se houvesse uma luta entre eles, Christian não teria qualquer chance. A decisão foi tomada por George, e confiamos em sua experiência e em seu discernimento. Levamos Christian para Kora Rock, atrás do acampamento, onde George queria promover o encontro. Depois, Bill e George levaram Boy e Katania para lá, vindo de um lugar diferente. Boy e Katania se deitaram a aproximadamente quinze metros de Christian, que os observava atentamente. Por vinte minutos nós observamos e esperamos, nervosos. Embora impaciente para fazer contato com Boy, Christian sentiu, corretamente, que o primeiro passo não deveria partir dele.

Finalmente, Katania ficou entediada com a situação tensa e caminhou na direção de Christian, e os dois se cumprimentaram. Boy levantou imediatamente e avançou nele. Foi um momento muito apavorante, intensificado por rugidos e ranger de dentes. Christian rolou de costas em submissão e, satisfeito, Boy se deitou a alguns metros de distância dele. Embora parecessem ter lutado com selvageria, com patas e pernas se debatendo, houve muito pouco contato físico, e Christian parecia estar ileso.

Após um intervalo de aproximadamente dez minutos, Katania, que sabiamente se afastara durante o encontro entre os outros dois, novamente se aproximou de Christian e provocou outra reação assustadora. Dessa vez, Boy se afastou, deixando Christian muito abalado e aparentemente triste. Ele veio até nós e, tentando confortá-lo, andamos com ele de volta para o acampamento, observando que tinha alguns arranhões e que mancava ligeiramente.

Embora fosse uma situação planejada, testemunháramos uma apresentação natural entre um leão adulto e um mais jovem. Apesar de nosso carinho por Christian, sentimos que nos intrometemos na sociedade e no protocolo animais. Christian sabia instintivamente qual era seu papel e seguiu as convenções do mundo dos leões ao se submeter. George comentou que Christian mostrara imensa coragem por sua determinação em enfrentar Boy e não fugir dele. Obviamente, Christian ficava cada vez mais afeiçoado a Katania, mas era a aceitação de Boy que ele ansiava conquistar. Para obtê-la, teria de suportar mais algumas formalidades desagradáveis, porém necessárias.

Agora, podíamos todos ficar no mesmo cercado. Nos dias seguintes, Christian permaneceu tão perto de Boy quanto o leão mais velho permitia. Se Christian fosse ousado demais, Boy atacava, mas os ataques tinham perdido a intensidade. Christian se concentrava veneravelmente em Boy, e até mesmo imitava seus movimentos; seguia-o para todos os lados, sentava quando ele sentava e deitava na mesma posição. Diversas vezes, nós o vimos deitando logo atrás de Boy, uma estratégia inteligente para chegar mais perto do que normalmente seria autorizado. Às vezes, Christian brincava com Katania, mas ela agora ficava apenas em segundo lugar. Christian ainda era afetuoso conosco, mas definitivamente se tornara súdito de um leão.

Toda manhã, saíamos para caminhar com George e os leões até que eles escolhessem alguma sombra para passarem as horas mais quentes do dia. Christian seguia Boy e Katania, mas sentava e olhava em outra direção sempre que Boy o observava. À tarde, encontrávamos os três leões juntos, mas Christian sempre ficava a alguns metros de distância; ainda não era um membro aceito na alcateia.

Tivemos uma convivência homem/animal extraordinária com os leões em Kora. Era um ambiente potencialmente perigoso, criado e controlado inteligentemente pela experiência e pelo conhecimento de George sobre o comportamento dos leões. A confiança de George em leões e humanos foi às vezes questionada ao longo dos anos por seus detratores, mas, em geral, sua fé estava certa. Passamos noites divertidas, frequentemente com três leões em nossa barraca. Enquanto Katania mordia os dedos de nossos pés ou roubava nossos cobertores, Christian se escondia embaixo de uma cama e Boy rugia estrondosamente, dando vários grunhidos desafiadores.

Após alguns dias, Boy nos cumprimentou da mesma forma que fazia com George, esfregando sua imensa cabeça em nós. Ele tinha uma personalidade aparentemente plácida, mas também a total compreensão de sua superioridade. Como acontece com todos os felinos, tudo tinha de ser ideia sua, e ele fazia apenas o que queria. A filmagem continuara em Kora, e frequentemente esperávamos horas até que Boy estivesse apropriadamente posicionado. Quanto a Christian, só precisávamos carregá-lo até o ponto desejado, ou simplesmente o derrubarmos para que ficasse de frente para as câmeras. Descobrimo-nos descrevendo Boy como uma "maravilha" de leão, e fisicamente ele realmente era, mas comparado com a exuberância juvenil de Christian, parecia ter muito pouca personalidade. Nossos elogios a Boy na verdade eram apenas uma expressão de alívio por ele não ter nos comido e nem ao Christian.

Christian já estava na África há várias semanas. Estava mais forte, crescido, suas patas engrossaram e tinha se tornado um leão muito bonito. Bill descreveu-o como o "Jean-Paul Belmondo do mundo dos leões", referindo-se a um astro do cinema francês da época. Ele sempre fora saudável, mas um dia, de repente, ficou apático. Pensamos que ele talvez estivesse deprimido pela relutância de Boy em aceitá-lo completamente, mas reparando nas suas gengivas pálidas e no seu nariz quente, George mediu sua temperatura e diagnosticou febre do carrapato. Christian não tinha imunidade contra a doença, mas George, prevendo isso, felizmente conseguiu dar-lhe a vacina apropriada. Ele acreditava que Elza morrera de febre do carrapato, e que se ele tivesse lhe dado essa vacina, poderia tê-la salvo. Christian ficou muito doente por dois dias, mas depois se recuperou rapidamente.

Agora que Christian fora apresentado a Boy, Bill e a equipe de filmagem retornaram à Inglaterra para editar o filme. George sugeriu que também deixássemos Kora por algum tempo, para que Christian se acostumasse à vida sem nós. Decidimos visitar outras partes do Quênia e da Tanzânia antes de voltar para nos despedirmos.

Ace e John examinando Christian em seu caixote no aeroporto de Heathrow.

Embarcando o caixote de Christian no voo da East African Airways para Nairóbi.

George Adamson, Bill Travers, Ace e John com Christian no aeroporto de Nairóbi.

Ace, John e Christian em Kora.

11
AVANTE, CHRISTIAN

No Quênia, visitamos o Maasai Mara, e, na Tanzânia, o Serengeti, o lago Manyara e a cratera Ngorongoro. Vimos uma grande variedade de animais, tais como gnus, zebras, antílopes, elefantes, chitas, leopardos e bandos imensos de pássaros, como flamingos, muitas vezes em paisagens espetaculares. Ficamos muito impressionados com a lindíssima cratera Ngorongoro, onde encontramos alguns integrantes do elegante povo maasai, que defende com firmeza seu direito a um estilo de vida tradicional com seu gado, ainda mais ameaçado hoje pela disputa pela terra e pelos recursos naturais do que era na época. Foi lá que vimos pela primeira vez leões selvagens: três filhotes e duas leoas. Embora o turismo seja um negócio importante e empregue muitos africanos, havia algo perturbador em ver leões "selvagens" aparentando indiferença aos Land Rovers que os cercavam e aos turistas que se debruçavam para fora das janelas, tirando fotografias. Em um parque de vida selvagem, uma mulher que fora levada por um guia para testemunhar o espetáculo incomum de um leão protegendo um búfalo recém-abatido dos abutres disse: "Vim para ver matança, não carcaças. Vamos em frente."

As condições nos lugares em que ficamos variaram de tendas ao luxo. Todos os hotéis eram caros e estavam repletos de turistas de meia-idade entusiasmados, que pareciam sentir que o gasto com suas férias na África teria valido a pena se vissem um leão. Embora esses turistas estivessem obviamente adorando sua experiência na África e expandindo sua consciência com relação a animais selvagens, no nosso caso a satisfação era menor por termos viajado com nosso próprio leão para a África. Fomos mimados durante nossas semanas em Kora, vivendo com vários leões e num ritmo em que era possível desenvolver um sentimento profundo pela África. Em vez de termos muitos animais desfilando à nossa frente, preferíamos ver poucos deles espontaneamente, ou sentar calmamente à margem do rio Tana por horas observando os tímidos antílopes, babuínos, órix e elefantes vindo cautelosamente beber água à noite.

Decidimos visitar Joy Adamson em sua casa, Elsamere, à beira do lago Naivasha, uma viagem de uma hora e meia de Nairóbi. Antes de se mudar para Kora, George passou um tempo lá monitorando a recuperação de Boy de seus ferimentos e cirurgias.

Joy Adamson nasceu na Áustria e foi pela primeira vez à África em 1936. Era uma mulher muito talentosa e entusiasmada, frequentemente ligada às profissões de seus parceiros. Era uma excelente artista botânica (seu segundo marido, Peter Bally, era botânico) e também pintou animais, pássaros e uma série marcante das tribos do Quênia. Muitas das suas pinturas estão expostas no Museu de Nairóbi. Joy e George se conheceram em 1942. Tiveram um casamento instável e um relacionamento que durou até ela morrer.

Depois de Elza, a filhote de leão que foi criada e reabilitada por eles, suas vidas foram dedicadas à preservação de animais e à reabilitação de espécies diferentes na selva. A partir dos diários de George, Joy escreveu *Born Free*, que foi publicado em 1960 e seguido por sua versão cinematográfica *A história de Elza*, em 1966. Ambos obtiveram um sucesso imenso no mundo inteiro.

Em 1961, Joy criou o Apelo aos Animais Selvagens Elza, agora chamado de Fundo para Preservação Elza. O documentário sobre a reabilitação de Christian e a concessão de Kora para esse propósito possibilitaram a George uma independência financeira de Joy pela primeira vez e um lugar para viver com seus leões. Joy ficou magoada com isso, e foi com certo temor que nos dirigimos para Elsamere, onde, para nossa surpresa, os sofás eram forrados com peles de leão. Quando ousamos perguntar sobre isso, ela desdenhou de nossas preocupações, dizendo: "Existem bons leões e maus leões."

Apesar de sua reputação de ser uma mulher difícil e de frequentemente brigar com as pessoas, achamos que ela foi razoavelmente amigável. Era inteligente, interessante e ficou curiosa para conhecer a história de Christian. Ficou aliviada ao ouvir que Boy estava se recuperando dos ferimentos, embora ainda mancasse. Era cética com relação às chances de sobrevivência de Christian na selva. "Seu leão inglês gordo e estúpido vai morrer, e George também", disse ela. Joy queria muito visitar Kora, mas estava irritada por ter sido excluída do trabalho lá. Apesar dos lucros imensos de *A história de Elza*, ela nunca apoiou financeiramente o trabalho de George. Quando finalmente visitou Kora, ficou muito ansiosa para ser fotografada com Christian, mas logo em seguida declarou: "Está na hora do homem deixar os leões em paz." Esse foi o dilema da vida dos Adamson: o próprio sucesso do trabalho deles, promover a independência e a autossuficiência dos animais, tornara-os supérfluos.

Assim como algumas pessoas que adoram animais, Joy não enxergava a ironia em seus relacionamentos humanos frequentemente desastrosos ou sua reputação de ser grosseira com seus empregados africanos. Ela foi assassinada por um deles em 1980 após uma discussão sobre salários.

Ao passar por Nairóbi, entregamos uma amostra do sangue de Christian para os veterinários Tony e Sue Harthoorn. George diagnosticara corretamente febre do carrapato, e eles me disseram que havia uma pequena chance de uma recaída. Por sorte, George tinha a vacina para combatê-la. Boy e Katania também eram suscetíveis à doença, simplesmente porque se mudaram de uma parte do Quênia para outra.

No longo caminho de volta, nos perdemos na escuridão e ficamos alarmados quando o que pareciam ser guerreiros quase nus segurando lanças sinalizaram para que nosso Land Rover parasse. Achamos que não havia outra alternativa a não ser parar, mas rapidamente fechamos as janelas. Ficamos constrangidos ao ver que eram amigáveis crianças africanas com varas, e que só queriam cigarros. Em inglês, nos mostraram o caminho para Kora e "'Kampi ya Simba', onde o homem branco cria leões!".

Chegamos ao acampamento de George tarde da noite. Ele estava preocupado com Christian, que, pela primeira vez, não retornara com Boy e Katania à noite. George procurara e chamara por ele, mas ele desaparecera.

Poucos minutos após nossa chegada, no entanto, Christian veio correndo na direção do acampamento. Havíamos nos ausentado por quinze dias e, muito excitado, ele se jogou em cima de nós. George acreditava que Christian devia ter tido um pressentimento de que estávamos retornando; achava que os leões tinham um sexto sentido que os homens perderam ou nunca tiveram. Em nossas visitas a seus outros leões, após serem soltos na selva, o vimos frequentemente chegar a um acampamento deserto e, alguns minutos depois, misteriosamente, chegavam alguns animais.

Obviamente, Christian sentira nossa falta e rosnou de felicidade seguidamente enquanto saltava sobre nós e lambia nossos rostos. Quando nos sentamos, ele subiu no colo de um de nós, depois se esticou para ter pelo menos parte de seu corpo, suas patas dianteiras, em cima do outro. Empolgado, pulou na mesa, provocando uma confusão e impedindo que comêssemos, assim como também nos impediu de dormir.

Ficamos muito contentes por ver sua aparência tão saudável e por George estar se afeiçoando a ele e considerá-lo tão divertido quanto nós o considerávamos. Uma noite, George, desavisado, preparou um lanche de leite em pó para Christian, uma de suas refeições favoritas de seu tempo na Inglaterra. Agora, Christian seguia George todas as noites, batendo em seus tornozelos e dando-lhes cabeçadas até que ele se apiedasse e lhe desse o leite em pó.

Para nossa decepção, Boy ainda não estava totalmente adaptado a Christian, embora tivesse havido progresso. George achava que Christian às vezes parecia deprimido por causa de sua adoração não correspondida por Boy. Christian e Katania agora eram muito amigos, e George achava que talvez fossem os ciúmes de Boy que estivessem prolongando a tensão.

George nos relatou um incidente que acontecera no dia em que deixamos Kora. Ele seguira os leões em sua caminhada matutina e, muito perto do acampamento, vira um enorme rinoceronte. Diplomaticamente, Boy e Katania se afastaram dele, mas, para espanto de George, Christian começou a andar em sua direção. Ele aproximou-se sorrateiramente e já estava a poucos metros quando o rinoceronte, de repente, se virou e o viu, e, urrando de raiva pelo atrevimento de Christian, o atacou. Christian deu um pulo de dois metros no ar, por sobre um arbusto, e fugiu. George achou tudo muito engraçado, mas esperava que Christian tivesse aprendido a lição.

Já Boy passara várias noites fora, na tentativa de estabelecer um território. Ele escolheu a direção oposta à de um leão selvagem que ouvira rugir em várias ocasiões. No entanto, seria impossível para um único leão adulto estabelecer um território sozinho, e George nos contou que planejava trazer duas leoas para o acampamento. As leoas tinham quase a mesma idade de Christian e haviam sido capturadas após terem feito vários ataques a gado doméstico, e, sem a intervenção de George, teriam sido mortas.

Dessa vez, passamos apenas alguns dias com George e Christian. Todas as manhãs, caminhávamos com os leões até eles escolherem uma árvore ou um arbusto onde se abrigar do sol. Christian sempre acompanhava Boy e Katania, porém Boy mais tolerava sua presença do que a encorajava. Durante as tardes, caminhávamos com George para encontrá-los, e ficávamos fascinados pela forma como ele conseguia identificar e seguir suas pegadas, por seu profundo conhecimento da vida selvagem e por sua capacidade de sobrevivência. Os leões voltavam à tarde para serem alimentados, e George às vezes tinha de dirigir por vários quilômetros até uma área de caça para matar um antílope ou outros animais para eles comerem. Ele esperava que os leões se tornassem logo autossuficientes.

Adorávamos a companhia de George e tivemos longas conversas com ele, não apenas sobre leões, mas também sobre a Austrália, nossas vidas em Londres e sobre a vida dele. George nascera em 1906, na Índia, onde seu pai serviu no exército britânico; mas ele havia sido educado na Inglaterra. Passara a maior parte de sua vida trabalhando como guarda florestal no Ministério de Vida Selvagem do Quênia. Embora tivesse levado uma vida isolada, se mantinha atualizado sobre os acontecimentos do mundo. Retornara à Inglaterra apenas uma vez desde que deixara a escola, e se interessava em ouvir como Londres mudara tantos anos depois. Mantinha-se atualizado por meio das informações recebidas de visitantes, amigos e admiradores do mundo inteiro, assim como pela revista *Playboy*, que lia "por causa das entrevistas".

George falou de seus primeiros dias de caçador e de como, quando percebeu a ameaça de extinção que confrontava tantos animais, se tornara cada vez mais preocupado com a sua preservação. Desde a morte de Elza, dedicara sua vida à reabilitação de leões.

George adorava leões e acreditava ser possível entendê-los e se comunicar com eles, o que é incomum, se não impossível, com outros animais. Ele admirava sua dignidade e imensa capacidade para amar e confiar, e queria continuar vivendo em Kampi ya Simba até que os leões não fossem mais dependentes dele. Sentia que Boy estava quase concedendo a aceitação que Christian tanto almejava, e que os outros leões completariam o núcleo de uma alcateia que incluiria Christian. Estava confiante de que todos os leões seriam reabilitados com sucesso.

Através de uma série de coincidências extraordinárias, acabamos levando Christian à África e ao especialista em leões mais experiente e solidário do mundo. Christian agora tinha a liberdade para tentar sua sorte na selva. Não poderíamos ter imaginado ou sonhado um resultado melhor, e isso amenizou nossa tristeza ao deixá-lo. No começo, a vida ficou muito vazia sem ele, e derramamos muitas lágrimas. Perguntamo-nos se algum dia o veríamos novamente, mas Christian, após uma viagem de várias gerações e milhares de quilômetros, retornara para seu verdadeiro lar.

Christian examina o rio Tana enquanto John e Ace vigiam os crocodilos.

O primeiro acampamento nas margens do rio Tana.

Katania, de três meses, com Boy, que estrelou o filme *A história de Elza.*

12
O PROGRESSO DE CHRISTIAN

Vários meses após deixarmos o Quênia e voltarmos para Londres, tivemos notícias de Christian, Boy e Katania através de uma carta de George, parte da qual transcrevo abaixo:

Vocês devem ter sabido da tragédia que aconteceu com a pobrezinha da Katania. Uma noite, mês passado, os três leões foram ao rio após comerem uma boa refeição de carne. Eles não voltaram na manhã seguinte, o que não era nada incomum, já que em várias ocasiões se ausentaram por dois ou três dias, uma vez até mesmo por cinco dias. Saí em busca deles dois dias depois, mas sem sucesso. Na madrugada do dia seguinte, Christian apareceu sozinho. Isso me deixou um pouco preocupado, visto que geralmente ele e Katania permaneciam juntos, enquanto Boy saía à procura de fêmeas. No entanto, pensei que Katania estivesse com Boy. Cedo na manhã seguinte, Boy chegou sozinho.

Agora havia um verdadeiro motivo para alarme, e Christian parecia tão preocupado quanto eu. Comecei uma busca intensiva a pé e de Land Rover. Levei Christian andando comigo, confiando no seu faro para me ajudar. Demorei quatro dias para encontrar as pegadas dos três leões na margem do rio, aproximadamente cinco quilômetros abaixo de onde vocês ficaram, no Tana, antes de se mudarem para o meu acampamento. Estava claro que Christian e Katania ficaram brincando, correndo para cima e para baixo, ao longo da margem do rio. Cruzei para a outra margem, mas só encontrei as pegadas de Boy. Na margem mais próxima, havia apenas as pegadas de Christian deixando o rio. Acho que Katania deve ter tentado seguir Boy para dentro da água, mas por ser muito menor e mais leve, foi arrastada pela correnteza e, antes de conseguir alcançar a margem, foi atacada por um crocodilo. Mesmo na idade dela, os leões nadam muito bem, e é improvável que ela tenha se afogado. É uma perda triste, que sinto profundamente, assim como Boy e Christian sentiram. A alegria os deixou.

Há uns quinze dias, Boy saiu para uma nova investida pelo rio e retornou com uma namorada. Eu os ouvi perto do acampamento por três dias e três noites. Uma noite, enquanto Boy estava ocupado com sua leoa, ouvi Christian rugindo perto da beira da mata, em frente ao acampamento. Com a luz de uma lanterna, eu o vi olhando para outra leoa selvagem, que era quase da mesma idade que ele.

Boy e Christian agora são bons amigos. Na verdade, Boy frequentemente toma a iniciativa no ritual de cumprimento em que eles esfregam suas cabeças. Christian até começou a rugir junto com Boy! Um rugido um tanto imaturo, mas uma tentativa para lá de boa. Sua voz promete ser ainda mais grave do que a de Boy. Há alguns dias, vi indícios de que os dois encontraram as leoas novamente e de que podem ter matado uma presa, já que ambos voltaram parecendo bem-alimentados e nem um pouco famintos após três dias.

Espero em breve poder buscar as leoas sobre as quais lhes contei. Pela descrição que me foi dada, eu diria que elas têm aproximadamente quatorze meses de idade, o que significa que devem ter experiência em caçar com a mãe. Elas devem ser uma boa aquisição, contanto que eu consiga conquistar sua confiança e amizade.

George Adamson
12 de janeiro de 1971
Kampi ya Simba, Kora

Bill Travers viajou para o Quênia logo após recebermos essa notícia de George e nos escreveu ao voltar para a Inglaterra.

Prezados John e Ace,

Voltei da África no fim de semana. Posso imaginar sua preocupação nas últimas semanas e a sede por notícias de

Christian; então, antes de entrar em detalhes sobre como ele está se saindo, deixem-me adiantar que ele está vivo e bem. Ele não parece ter ficado doente desde a febre do carrapato que teve quando vocês estavam lá. E está muito ativo, posso assegurar — minhas calças cáqui marcadas de patas são testemunhas disso. Ele está bem mais pesado também, com mais de noventa quilos, eu imagino, embora às vezes, quando me cumprimentava carinhosamente, parecesse ter bem mais. Tenho certeza de que nunca mais conseguiremos levantá-lo e suspendê-lo nas balanças do açougue local como fizemos na Inglaterra para descobrir seu peso exato para levá-lo ao Quênia, mesmo se ele ainda nos permitisse fazê-lo. Ele está tão alto — da altura do meu ombro — quanto qualquer leão adulto; tão alto quanto Boy, que, como vocês sabem, é um leão grande. Mas, apesar de seu tamanho, continua carinhoso como sempre foi. Ele dá a George longos cumprimentos cerimoniais com a cabeça, e o lambe com a língua de lixa assim que George coloca o pé fora da cerca de arame que passa ao redor do acampamento, no qual Christian não é mais autorizado a entrar.

Entretanto, esse carinho não parece estar atrasando seu progresso na reabilitação, mas de uma forma estranha dá a George o controle de que ele continuará precisando durante os meses necessários para estabelecer os leões primeiro como uma família e depois como guardiões de seu território.

A propósito, observei que seu pelo parece ter se adaptado ao clima mais quente e está mais ralo, fino e macio, o que o faz parecer mais elegante e maduro, e certamente enfatiza seu porte cada vez mais atlético. Trata-se realmente de um leão magnífico, e seria difícil encontrar algum defeito em sua aparência, exceto talvez suas patas. Elas continuam enormes. Só fico imaginando que se ele crescer o suficiente para fazê-las parecerem normais, será o maior leão da África.

Depois que vocês foram embora, Boy e Christian se tornaram grandes amigos — na verdade, inseparáveis —, e a pequena filhote Katania, que, como vocês viram, adorava os dois, tornava-se o recheio involuntário de um sanduíche quando eles se esparramavam um por cima do outro.

Infelizmente, como vocês já devem saber, essa convivência foi curta. Não vou me alongar nas circunstâncias que nos levaram a pressupor a morte de Katania, exceto para dizer que foi duplamente trágica. Não apenas Boy e Christian perderam sua pequena amiga, mas também perdemos a única fêmea da alcateia de George.

Entretanto, há boas notícias para compensar. As duas leoas que George pegou são mais ou menos da idade certa para Christian — poucos meses mais novas do que ele. Diferentemente de Christian, elas já são bastante selvagens e, embora muito jovens para matar, devem ter aprendido com os pais a caçar. Elas também devem ter algum conhecimento sobre as regras rígidas da sociedade dos leões. Acho que Christian se beneficiará muito de seu relacionamento com elas, uma vez que as calçadas de Chelsea e a vida rural amena em nossa casa não foram exatamente a melhor escola para a vida que ele começou a viver agora. George, claro, está em êxtase, já que é essencial ter ao menos uma fêmea na família ou na alcateia que esperamos mais tarde conseguir, com a ajuda de George, se estabelecer na área do rio Tana e gozar da liberdade e de uma vida natural.

Bem, tenho certeza de que não deve haver um dia em que vocês não falem ou, pelo menos, pensem em Christian, George e Boy. Posso apenas dizer-lhes que a última imagem que trouxe comigo, enquanto me afastava do acampamento de George, foi a de três amigos felizes lado a lado, despedindo-se em frente ao portão de suas "casas". Um tapinha, um aperto de mão, e eles ficaram observando meu Land Rover sacolejar pelo longo caminho de volta para Nairóbi, rumo à civilização. Olhei para trás algumas vezes, e vi Christian esfregar-se em George, que acariciava sua juba fina, e depois se aproximar de Boy para cumprimentar, cutucar e sem dúvida provocá-lo para começar alguma maravilhosa brincadeira de leão.

Senti-me estranhamente feliz. Acho que se não fosse por George Adamson e por pessoas como ele, tais como vocês, a história de Christian teria um final muito diferente.

Sinceramente,

Bill

George Adamson e Christian em Kora.

13
O REENCONTRO DE 1971 NO YOUTUBE

Após os primeiros encontros dramáticos entre Boy e Christian e o longo processo de conhecimento mútuo, eles finalmente se tornaram inseparáveis, sobretudo após a morte de Katania. Em sua autobiografia de 1985, *My Pride and Joy*, George Adamson descreveu os primeiros dias com Boy e Christian em Kora como "alguns dos mais agradáveis de minha vida". Os leões selvagens, no entanto, não gostaram da intrusão de Boy, Christian e das duas leoas Monalisa e Juma, vindas de Maralal, no nordeste do Quênia. Como o único leão adulto e líder da alcateia, Boy teve confrontos frequentes com esses leões selvagens. Um dia, ele voltou para o acampamento com ferimentos profundos nas costas, e George tratou-o na segurança do cercado. Os leões selvagens aguardaram ansiosos do lado de fora e, incapazes de chegar até Boy, atacaram e mataram Monalisa.

Boy parecia sentir muita dor por causa desse último ferimento e passara a andar sozinho com mais frequência. No entanto, Juma e Christian, que se tornaram bons amigos, ficaram desprotegidos. George se preocupava cada vez mais com o bem-estar de Boy.

Foi então que George recebeu duas leoas de dezoito meses de idade do orfanato do Parque de Nairóbi, às quais chamou de Mona e Lisa (em homenagem a Monalisa), e um jovem e agitado leão chamado Supercub. Os planos de George de criar uma alcateia autossuficiente estavam progredindo, com Christian como parte integrante dela.

Porém, os planos de George e a reabilitação de Christian sofreram um revés trágico. Em 6 de junho de 1971, Boy se ausentou por alguns dias e os outros leões foram para Kora Rock, atrás do acampamento. George percebeu que Boy voltara quando o ouviu bebendo água da gamela, do lado de fora do cercado do acampamento. De repente, George ouviu gritos vindos da mesma direção e, pegando sua arma, correu e viu seu assistente africano Stanley sendo abocanhado por Boy. George gritou com Boy, que largou Stanley. George atirou em Boy e o matou, e, em seguida, correu para ajudar Stanley, mas ele morreu quase imediatamente.

George ficou arrasado. Stanley fora instruído para não sair do cercado, mas ignorara as ordens de George e acabara perdendo a vida. George também sofreu com a perda de um de seus leões favoritos, cuja vida estava ligada à dele desde que Boy era um filhote. O "acidente", como ficou conhecido, se tornou notícia internacional e foi investigado a fundo pela polícia local e pelo Ministério da Vida Selvagem. O trabalho de George foi criticado por colocar vidas em perigo, e o futuro de todo o projeto ficou ameaçado por um tempo. No entanto, George tinha muitos defensores, incluindo autoridades governamentais que apreciavam o valor do nome Adamson para o turismo queniano, e ele foi autorizado a permanecer em Kora.

Vivíamos em Londres e estávamos escrevendo *Um leão chamado Christian*, que seria publicado em novembro de 1971. Pretendíamos viajar para o Quênia e visitar Christian com uma equipe de filmagem, visto que eles estavam quase terminando o segundo documentário *Christian the Lion* e queriam incluir uma cena do reencontro, mas quando ouvimos as notícias chocantes de George, adiamos a visita por algumas semanas.

Quando chegamos a Nairóbi, várias pessoas nos disseram que havia rumores de que Boy sempre fora o menos previsível dos leões de Adamson, e que Stanley fora "desrespeitoso" e descuidado com Boy em várias ocasiões.

Pegamos um avião para Nairóbi e, ao descermos na pista de terra batida que Terence Adamson abrira a alguns quilômetros do acampamento em Kora, George nos esperava. Ele parecia estar bem apesar da tragédia, e esperávamos que nossa visita fosse uma distração para ele. Tentamos não enchê-lo de perguntas sobre Christian enquanto nos dirigíamos para Kampi ya Simba. Embora George não tivesse visto os leões por um tempo, eles tinham aparecido naquela manhã e agora descansavam do calor na sombra. Esperamos ansiosamente no acampamento, agora muito mais confortável e permanente. Podíamos apenas fazer conjeturas sobre a recepção que Christian nos daria, mas sentimos em nosso íntimo que só poderia ser amorosa e que ele não poderia ter nos esquecido.

Ace descreveu o reencontro em uma carta escrita para seus pais na época:

Os leões estavam "descansando" a aproximadamente um quilômetro de distância, e tivemos que esperar impacientemente por várias horas até que o calor diminuísse e os leões quisessem voltar. Finalmente, junto com a equipe de filmagem, caminhamos na direção deles e esperamos na base de Kora Rock, enquanto George ia até o cume chamar Christian. Pouco depois, Christian apareceu no cume — a aproximadamente setenta metros de nós. Ele olhou fixamente para nós por alguns segundos e depois, vagarosamente, aproximou-se para ver melhor. Ele nos fitou intensamente. Estava maravilhoso, e lá em cima do rochedo não parecia muito maior. Não conseguimos mais esperar e o chamamos. Imediatamente, ele começou a correr em nossa direção. Rugindo de excitação, esse leão ENORME pulou em nós, mas foi muito carinhoso. Logo, tínhamos três leoas nos cercando — aproximadamente da mesma idade de Christian, mas nem de perto tão grandes — e Supercub, um leãozinho arrebatador de cinco meses. Foi inesquecível. Christian mostrou sua afeição exatamente da mesma forma, tinha todas as suas velhas artimanhas e algumas novas. George — como todo mundo — é apaixonado por ele.

Ele é o leão mais tranquilo que George já viu — com homens e leões. Ele está numa forma física soberba — muito mais magro e, por causa do calor, sua juba não cresceu muito. Suas pintas finalmente desbotaram mais. Os dentes da frente são uns cinco centímetros assustadores de marfim branco! Foi difícil nos acostumarmos com seu tamanho — ele tinha aproximadamente setenta quilos há dez meses, agora George acha que ele tem quase cento e quarenta quilos. Nós o tratamos com muito respeito e fomos um pouco menos levianos com ele — um leão muito mais maduro, mas ainda bem divertido. Sem dúvida é o líder da alcateia, e gostou muito de mostrar isso para nós. George está maravilhado com seu progresso — os leões formaram um grupo muito unido e, aparentemente, poderão começar a caçar muito em breve, o que soa cruel, mas será essencial para sua sobrevivência.

Nairóbi, 20 de julho de 1971

Reler essas linhas tantos anos depois trouxe de volta a emoção daquele dia — Christian tão maravilhoso e grande, e, apesar de seu entusiasmo, tão carinhoso conosco e com as leoas que nos cercavam. Sabemos que as pessoas esperavam que nós ficássemos apavorados, mas não temíamos Christian — e ele correra em nossa direção com uma expressão amorosa que reconhecemos e conhecemos muito bem. Não conhecíamos os outros leões, mas o clima era tão festivo que Mona, Lisa, Juma e Supercub também nos cumprimentaram calorosamente.

Fomos acordados pelos rugidos de Christian todas as manhãs, que eram impressionantes para um leão de dois anos de idade. Passamos alguns poucos dias aproveitando a rotina do acampamento de George, caminhando com os leões na parte da manhã, às vezes nos sentando com Christian à sombra enquanto eles cochilavam, ou saindo com George no fim da tarde para procurá-los. Algumas semanas após a morte de Boy, Christian saboreava sua condição de líder da alcateia. Deixamos Christian determinar totalmente nosso relacionamento com ele. Se quisesse brincar, brincávamos, e se quisesse ser carinhoso, também éramos. Em outros momentos, éramos dispensáveis em sua vida ou apenas uma distração, e simplesmente o deixávamos em paz.

Foi divertido e desafiador conhecer os outros leões, que eram quase inteiramente selvagens e tinham todos chegados a Kora muito desconfiados dos homens. Refletindo melhor sobre essa interação leão/homem agora, nos indagamos se George confiou demais em todos nós. Um dia, ao nos levar para uma caminhada, de repente Christian avançou para dentro do mato com um imenso rugido, perseguindo Mona e Lisa. Elas estavam agachadas, esperando para nos emboscar, provavelmente por diversão, mas poderia ter sido muito perigoso se tivéssemos reagido com medo ou fôssemos derrubados. Ficamos muito comovidos com a atitude protetora de Christian. Supercub tinha uma personalidade extrovertida e abusada, e Lisa era uma leoa bem brincalhona, mas Juma e Mona eram muito tímidas. Em uma carta para

Sir William Collins, George escreveu que ironicamente Christian, o leão de Londres que tivera mais contato com o homem, fora o mais fácil de reabilitar em Kora até aquele momento.

Kampi ya Simba estava agora muito mais desenvolvido. O irmão de George, Terence, construíra várias cabanas permanentes, cujas paredes foram engenhosamente erguidas com arame coberto com estopa e depois revestidas com numerosas camadas de cimento, e os telhados eram de folha de palmeira. A maior dessas construções simples, porém eficazes, era a cabana do refeitório, que constituía o centro do acampamento, onde George mantinha o radiotelefone, sua única ligação com o mundo. Ele também tinha uma máquina de escrever antiga e um amontoado de livros, cartas, diários e fotografias. Havia agora um gerador que fornecia energia elétrica aos congeladores, que em sua maioria estavam lotados de carne de camelo para os leões, comprada na vila mais próxima, Asako, a sessenta e cinco quilômetros de distância. O cozinheiro de George, Hamisi, cozinhava para nós em uma fogueira em seu próprio cercado à prova de leões.

A variedade de animais ao redor do acampamento incluía galinhas-d'angola, corvos, calaus amigáveis, lagartos observadores, escorpiões e cobras inoportunos, e os abutres sempre vigilantes que Christian constantemente espantava de seus ossos.

Embora fosse uma experiência única visitar Kampi ya Simba, planejamos permanecer apenas alguns dias, visto que quanto menos contato os leões tivessem com o homem, melhor. Os visitantes do acampamento ficavam frequentemente decepcionados quando George não permitia que eles se aproximassem de seus leões, portanto éramos muito privilegiados. Os leões tinham de ser autossuficientes e incentivados a desconfiarem dos homens; no entanto, fomos recepcionados por Christian da forma mais maravilhosa, amorosa e inesquecível possível. Aquele dia foi uma experiência eufórica para todos nós, pessoas e leões. Agora, através do YouTube, quase quarenta anos depois, essa experiência tem sido compartilhada por milhões de pessoas em todo o mundo.

Obviamente ficamos tristes por deixar Christian, mas ele estava claramente feliz, e tudo parecia estar indo bem. Os leões selvagens estavam calmos há algum tempo, e havia um clima de paz em Kora. Quando partimos e nosso pequeno avião sobrevoou o acampamento, Christian e os outros leões olharam para o céu, do alto de Kora Rock, e, enquanto um de nós acenava para George no cercado, o outro limpava algumas lágrimas silenciosas. Nesse ambiente imprevisível e frequentemente hostil, será que a boa sorte de Christian perduraria?

14
O ÚLTIMO ADEUS EM 1972

Em Londres, fomos mantidos a par de todas as novidades, e, em janeiro de 1972, recebemos duas cartas de Kora. George escreveu:

Tive muita sorte em encontrar um rapaz para me ajudar. Tony Fitzjohn, de aproximadamente vinte e sete anos. Um pouco andarilho, que já teve várias ocupações. Muito capaz e bem-preparado fisicamente.

Pelo visto, Tony escrevera primeiro para Joy Adamson pedindo um emprego, mas ela sugeriu que ele fosse trabalhar para George, pois sentia que ele precisava de um ajudante entusiasmado e versátil. Tony também escreveu para nós:

Prezados Ace e John,

Embora nunca tenhamos nos conhecido, achei por bem lhes escrever. Tenho ajudado George há algum tempo e me tornei muito apegado a Christian, como vocês também devem ter sido. É impressionante ver como ele se adaptou à selva aqui e, no entanto, permanece muito ligado a George, como sempre.

As notícias de que George tinha mais apoio eram excelentes, e planejamos visitá-lo novamente ainda naquele ano. Porém, cartas posteriores nos informaram que a vida estava bastante difícil para Christian e para os outros leões. Sem Boy, Christian não fora capaz de defender o território ao redor do acampamento sozinho, e um leão selvagem conhecido como "O Matador" tinha matado o simpático Supercub.

Christian sobrevivera às lutas com leões selvagens até então, e George nos contou que seus ferimentos eram sempre nas pernas dianteiras e nos ombros, o que demonstrava que lutara corajosamente.

> *Durante uma briga com um leão selvagem, Christian teve dois cortes profundos em sua perna dianteira. Mas não pareceu nem um pouco perturbado com o confronto e foi com muita dificuldade que o convenci a me acompanhar de volta para o acampamento, onde eu poderia cuidar de seus ferimentos.*

Christian se mostrava um jovem leão extraordinário e corajoso nesse ambiente hostil, mas frustrações crescentes tornaram evidente que poderia haver consequências catastróficas. Um dia, Christian emboscou George e o derrubou, segurando-o com as patas e colocando a cabeça dele em sua boca. Mas o soltou rapidamente, e George o perseguiu com um pedaço de pau. Felizmente, George não ficou gravemente ferido, embora uma garra tenha perfurado seu braço. Christian sabia que tinha "quebrado as regras", mas logo após esse episódio derrubou Tony ao chão, esmurrou-o com as patas e o arrastou pela cabeça. Tony socou Christian com força no nariz e foi imediatamente solto. Surpreendentemente, ele também não ficou gravemente ferido.

Ficamos chocados quando soubemos desses incidentes. Christian poderia facilmente tê-los matado, intencionalmente ou não. George e Tony sentiam que o adolescente Christian estava frustrado e solitário, e habitava um território onde talvez nunca fosse capaz de viver ou formar uma alcateia. As leoas tinham se acasalado com os leões selvagens e, embora essa situação fosse ideal para a reabilitação delas, Christian ficara sozinho. Solidarizamo-nos com Christian e sentimos mais do que nunca o quanto fomos singularmente privilegiados em nosso relacionamento com ele. Nos oito meses que viveu conosco na Inglaterra, em circunstâncias muito pouco naturais, ele nunca atacara ninguém. Agora que estava mais velho e mais forte, será que nosso relacionamento seria diferente? Como ele reagiria a outros visitantes de Kora?

Em agosto de 1972, mais de um ano após nosso reencontro, perguntamos a George se poderíamos visitar ele, Christian e Tony Fitzjohn. George concordou entusiasticamente, mas nos alertou de que não poderia garantir a presença de Christian no acampamento. Os leões selvagens o tinham expulsado para longe do rio Tana, e ele frequentemente passava semanas ausente. Não obstante, decidimos ir, visto que sempre havia a possibilidade de que George fosse obrigado a deixar Kora, e então não haveria outra oportunidade.

Tony nos encontrou em Nairóbi e imediatamente percebemos o quanto sua presença em Kampi ya Simba era positiva e por que George gostava tanto dele. É impressionante pensar que hoje, tantos anos depois, Tony continua o trabalho de preservação de George no Parque Nacional Mkomazi, na Tanzânia, e é o diretor de campo da George Adamson Wildlife Preservation Trust. Em 2007, Tony foi agraciado com uma condecoração do governo inglês pelos serviços prestados à preservação.

Chegamos ao acampamento e encontramos George gripado, mas feliz em nos ver, sobretudo porque levamos uísque e gim. Ele nos contou que ouvira Christian se acasalando com uma leoa selvagem, e que não parecia estar muito longe dali, mas foi somente na terceira noite que, para nosso grande alívio, ele apareceu. Embora não saltasse em cima de nós como antes, seu cumprimento foi exuberante e vigoroso como sempre. Emitiu muitos sons, mas seus rugidos excitados eram agora mais graves. Ele estava enorme. Circulou entre nós e derrubou George, que não achou nenhuma graça.

George acreditava que Christian era provavelmente o maior leão do Quênia, e sem dúvida o maior na área de Tana. Estimava seu peso em cerca de duzentos e trinta quilos, embora Christian tivesse apenas três anos de idade e continuasse crescendo.

Durante o jantar, ouvimos as histórias de George e Tony sobre as aventuras de Christian, incluindo suas lutas com os leões selvagens, além dos seus relatos e interpretações sobre os ataques de Christian a ambos. Ficou claro que os dois o adoravam e não guardavam qualquer ressentimento. Conversamos a noite inteira com Christian nos interrompendo, nos entretendo e tentando nos derrubar de nossas cadeiras.

Ace escreveu para seus pais novamente.

Vimos Christian todas as manhãs e todas as noites para caminharmos e conversarmos. Ele está muito mais calmo e confiante do que no ano passado. Está impressionante. E bobo também. Imenso. Pulou em mim apenas uma vez como antes, sobre suas pernas traseiras, e o fez de forma extremamente carinhosa. Lambeu meu rosto enquanto se erguia sobre mim. E quase esmagou John tentando sentar em seu colo!

Nos dias seguintes, percebemos o quanto ele amadurecera. Embora continuasse a nos cumprimentar efusivamente, estava ainda mais independente do que no ano anterior. Mostrava quando e por quanto tempo queria estar conosco e passava muito tempo fora do cercado. Ele agora aceitava Tony plenamente e apresentou-o aos leões selvagens. Tony se tornara um especialista em sobrevivência na selva, e suas diversas habilidades técnicas e mecânicas eram altamente valiosas em Kampi ya Simba, o que contribuiu para melhorar imensamente a comunicação do acampamento com o mundo.

Dessa vez, ficamos nove dias e conhecemos melhor a mata ao redor. Fomos pescar com Terence, que várias vezes preparou agradáveis refeições com peixe fresco para todos nós. Ele era um especialista em vida vegetal e identificava, entre as árvores espinhosas e as acácias, os arbustos mais exóticos de mirra e olíbano. Para nós, as formas de várias plantas e suas cores desbotadas pareciam diferentes das que existiam nas áreas equivalentes do semiárido australiano, mas os dois continentes tinham muito em comum: uma grande variedade de climas e vegetações, espaços abertos, um horizonte infinito, luz do sol intensa, céu azul limpo e uma paz e tranquilidade milenares. Curiosamente, tanto George quanto Joy nos falaram sobre a possibilidade de criar animais africanos ameaçados de extinção em áreas selvagens da Austrália e de outros países, mas hoje em dia está claro que isso, em qualquer escala, seria uma ameaça ao já fragilizado equilíbrio ecológico.

Lemos os relatórios detalhados de George para o ministro do Turismo e da Vida Selvagem, que era um registro fascinante e valioso do dia a dia de uma alcateia de leões ao longo de vários anos, sobretudo mapeando a reabilitação bem-sucedida de Christian. No passado, tanto o trabalho de George quanto o de Joy foram criticados por algumas pessoas por não serem suficientemente "científicos", visto que eles não possuíam informações metodicamente registradas de acordo com as normas estabelecidas.

Porém, após conviver e observar animais específicos ao longo de muitos anos e várias gerações, mantendo diários e notas e escrevendo livros e muitas cartas, eles contribuíram mais do que qualquer um para nosso conhecimento documentado sobre o comportamento dos leões.

Agora que as leoas tinham se acasalado com os leões selvagens, Christian estava bastante isolado, e Tony ia tentar trazer um leão ligeiramente mais novo do orfanato de Nairóbi para ser seu companheiro. Christian podia ter sido o líder efetivo de uma alcateia, mas as leoas se juntaram ao inimigo, e, sozinho, ele não conseguiria estabelecer um território para criar seus filhotes.

Christian estava visivelmente pronto para viver uma nova etapa de sua vida na selva. Já gostava de se ausentar por longos períodos, possivelmente procurando um lugar mais apropriado para viver. Sobrevivera com sucesso até então, mas percebemos que ele poderia ter de se mudar para ainda mais longe, com a possibilidade de nenhum de nós tornar a vê-lo novamente.

De volta a Nairóbi, organizamos uma exibição de *The Lion at World's End* para várias pessoas que apoiavam e apreciavam o trabalho de George, inclusive o secretário permanente, o ministro do Turismo e da Vida Selvagem e o embaixador da Rússia no Quênia. Custava caro manter um acampamento como Kampi ya Simba, e não havia qualquer apoio de Joy, que estava se comportando de forma previsível, bloqueando qualquer financiamento que viesse do Fundo para Preservação Elza para o trabalho de George. Bill Travers se dedicara a outros projetos e estava atualmente trabalhando em um documentário com Jane Goodall sobre o trabalho dela com chimpanzés. A receita dos documentários de Christian ajudou a custear o trabalho de George, e vários visitantes, apoiadores e admiradores também contribuíram.

Em Londres, Tony Fitzjohn nos visitou e nos deu a notícia de que Christian estava maravilhosamente bem e de que um tratado muito incomum de paz havia sido feito entre Christian e um dos leões selvagens. Eles não eram amigos, mas rugiam um para o outro e se respeitavam.

Por outro lado, notícias mais preocupantes eram as de que alguns homens da tribo somali e seu gado haviam se mudado para perto do acampamento. Christian matara alguns de seus animais, e George estava preocupado, pois ele poderia ser morto em retaliação. Como era ilegal ter gado naquela área, o Departamento de Caça e a polícia retiraram os homens da tribo dali, mas, da mesma forma que os caçadores ilegais, que matam animais para conseguir marfim, partes do corpo, peles e troféus, os somalis e seu gado continuariam a criar problemas para George.

Christian encontra Katania pela primeira vez.

Um momento assustador: Boy avança em direção à cerca, estabelecendo seu domínio sobre Christian.

O primeiro encontro dramático de Boy e Christian fora do cercado.

Felizmente, Christian reagiu corretamente se submetendo, e sofreu apenas alguns arranhões.

Christian preferiu saltar de pedra em pedra no rio Tana a se molhar.

15
A PIRÂMIDE DE CHRISTIAN

No início de 1973, Christian cruzou o rio Tana rumo ao norte, na direção do Parque Nacional Meru, uma área muito mais atraente e adequada para a caça. No Parque Nacional, os animais estavam mais protegidos dos caçadores, legais e ilegais, e dos nativos criadores de gado. Infelizmente, George parou de contar os dias e meses de ausência de Christian de Kora e nunca mais o viu. Nos anos seguintes, esperamos por alguma notícia. Preferimos acreditar que ele estabeleceu um território e uma alcateia própria em um lugar distante, longe demais para voltar e visitar George. Esperamos que ele tenha vivido mais dez anos e que seus descendentes estejam caçando no Quênia hoje. Milagrosamente, Christian voltara para a África, sobrevivera aos anos mais perigosos e ficara grande e forte. Não podíamos nos arrepender de nada.

Durante os primeiros sete anos em Kora, George introduziu dezessete leões na selva. Suas reabilitações foram bem-sucedidas, mas as vicissitudes da vida selvagem custaram muitas vidas. A reabilitação de Christian foi um sucesso completo. Em sua autobiografia, *My Pride and Joy*, George se refere à "pirâmide" de Christian em vez de sua "alcateia". Ele ouvira Christian se acasalar com leoas selvagens em diversas ocasiões, logo só podia presumir que Christian tenha tido descendentes e sua própria alcateia biológica. No entanto, Kampi ya Simba era constituída por leões de várias idades, que George selecionara de diferentes fontes, e que, por meio de seu conhecimento e paciência, formaram uma "pirâmide" coerente de leões feita pelo homem ao redor de Christian. Juma e Lisa se acasalaram com um leão selvagem e tiveram filhotes, e alguns deles, por sua vez, tiveram outros filhotes. Com a pirâmide completa, George não queria importar mais leões para a área, visto que isso criaria um desequilíbrio de predadores em uma região onde havia pouca caça. Ele escreveu sua autobiografia e continuou a documentar suas observações das gerações seguintes, apontando, como pudemos observar, que os leões machos adolescentes em Kora eram os mais perigosos.

Kora se tornou um parque nacional em outubro de 1973, o que garantiu a George e a seus leões a proteção do governo e o patrocínio oficial de seu programa de reabilitação de leões. George considerava Kora um monumento ao "leãozinho alegre, brincalhão e corajoso de Londres". Ele continuou a viver em Kora até 1989. Um dia, uma visitante do acampamento se ofereceu para ir à pista de pouso para receber mais visitantes. Ela foi atacada na estrada por caçadores ilegais, e George, que ouvira os tiros do acampamento, foi morto por eles quando correu para socorrê-la.

Sentimo-nos honrados por termos conhecido George e somos imensamente gratos por seu carinho e zelo por Christian. Testemunhamos a comunicação e o entendimento extraordinariamente profundos que George tinha com seus leões e o amor desses animais por ele, assim como sua confiança, até mesmo permitindo que ele cuidasse de seus ferimentos. Hoje, George seria chamado de encantador de leões. Sua documentação sobre os leões e sobre sua preservação é uma imensa contribuição para o conhecimento do mundo. Como muitos outros que foram influenciados por ele, apoiamos a vida selvagem e as causas pró-preservação desde então.

Após *A história de Elza*, houve uma explosão de interesse na África e na vida selvagem, e o editor de Joy, *Sir* William Collins, continuou publicando muitos livros importantes. São eles *In the Shadow of Man* [À sombra do homem] (1971), de Jane Goodall; *Vanishing África* [África em desaparecimento] (1971), o clássico fotográfico de Mirella Ricciardi; e vários outros livros relacionados à história natural e às origens do homem, tais como o de Robert Ardrey, *The Territorial Imperative* [A importância do território] (1966), e o de David Attenborough, *Vida na terra* (1979). Pessoas como essas estabeleceram as bases para os movimentos de preservação atuais, e Joy foi uma das primeiras a articular o significado da relação nociva e degradante entre o homem e o meio ambiente, conforme mostrado pelas previsões atuais sobre os efeitos do aquecimento global.

Uma estatística espantosa é que o número de leões na África caiu em 66% desde a época de Christian, tornando os registros de George ainda mais valiosos para o futuro. Apoiamos ativamente os projetos relacionados à preservação, sobretudo através da George Adamson Wildlife Preservation Trust.

John visitou Kora sozinho em 1973 e, ao longo dos anos, tem apoiado e visitado outros projetos de preservação no Quênia, na Tanzânia e na África do Sul. Ele é um fiduciário da George Adamson Wildlife Preservation Trust (GAWPT) e dá palestras em nome dela na Royal

Geographical Society e em outros lugares. Além disso, trabalha como jornalista e consultor de relações públicas em turismo e vida selvagem. Em 2008, foi o produtor executivo de *Mkomazi: The Return of the Rhino* [Mkomazi: o retorno do rinoceronte], sobre a transferência de quatro rinocerontes-negros da África do Sul para Tony Fitzjohn, em Mkomazi, na Tanzânia. John tem trabalhado com a GAWPT em um projeto de revitalização do Parque Nacional de Kora, que ficou quase abandonado após o assassinato de George.

Ace voltou para a Austrália, onde fez carreira como curador de arte, especializando-se em arte australiana aborígene e colonial. Na África, ambos compramos tecidos, entalhes, colares de contas e artefatos pela primeira vez, e continuamos colecionando arte tribal desde então. Influenciado por suas visitas à África, Ace quis saber mais sobre os aborígines originais da Austrália. Descobriu uma tradição artística extraordinariamente diversa e rica e de maravilhosa expressão contemporânea, assim como a desapropriação pós-colonial e muitas desvantagens sociais e econômicas que vieram depois.

Com esse ressurgimento do interesse por Christian provocado pelo YouTube, tivemos prazer em reviver e refletir sobre nosso tempo com ele, ver as fotografias, nos apaixonarmos por ele novamente e sentirmos sua falta. Olhando para trás, é difícil acreditar que tudo tenha acabado tão bem e que realmente conseguimos devolver Christian à África.

Christian tinha um grande carisma, e isso definiu sua vida. Fora escolhido para ser enviado à Harrods e vendido porque era charmoso e tinha um temperamento equilibrado. Nós o achamos irresistível, e contra todo bom senso o compramos, ao passo que certamente não fomos tentados a comprar sua irmã, Marta. Quando Bill Travers contatou George pela primeira vez no Quênia, ele descreveu Christian como "um leão lindo". Christian estrelou seu próprio filme. Tornou-se amigo e o favorito de George, e era popular entre as pessoas e os leões. Kora foi estabelecida por causa de Christian, e sua adaptação bem-sucedida garantiu a permanência de George no local por dezenove anos e a transformação de Kora em um parque nacional.

Quarenta anos depois, o trabalho de George continua; a mágica de Christian nos inspira novamente a pensar sobre o relacionamento entre todos os seres vivos e a necessidade urgente de agir para a preservação da vida selvagem. Se todos nós que nos comovemos com a história de Christian nos reuníssemos para tratar de algumas dessas questões enfrentadas pela comunidade global, imaginem o que poderíamos conseguir juntos, inspirados pelo jeito amoroso de Christian e por seu amor à vida.

Christian caminha cuidadosamente pelos arbustos densos e espinhosos em Kora.

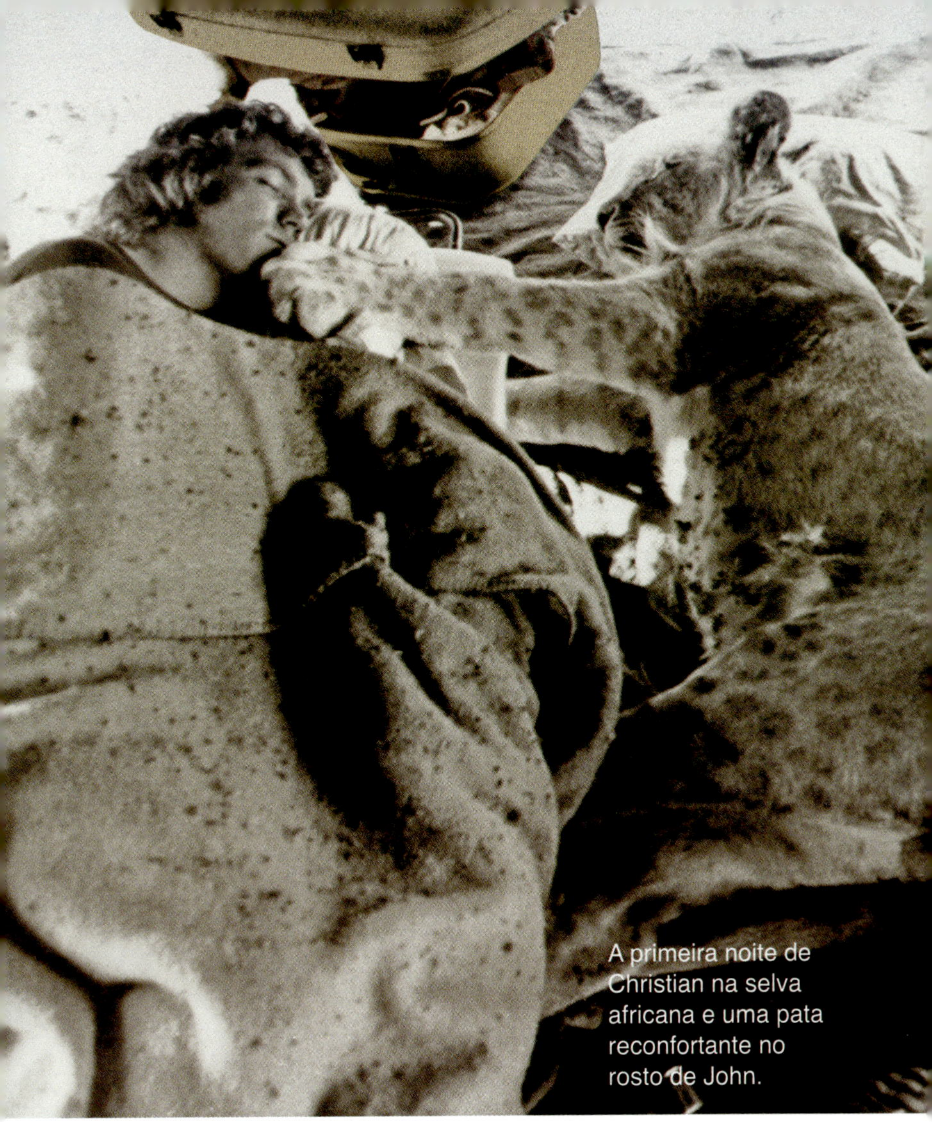

A primeira noite de Christian na selva africana e uma pata reconfortante no rosto de John.

Ao reconhecer Ace e John, Christian corre na direção deles.

Acima: Christian pula para cumprimentar Ace e John. O leão tinha dobrado de tamanho desde que Ace e John o viram pela última vez, há um ano.

A GEORGE ADAMSON WILDLIFE PRESERVATION TRUST

A George Adamson Wildlife Preservation Trust [Fundação George Adamson para a Preservação da Vida Selvagem] foi fundada em 1980 por um grupo de amigos e de outras pessoas que apoiavam George. Após seu assassinato por caçadores ilegais em Kora, em 1989, Tony Fitzjohn, que foi assistente de George durante dezoito anos, se tornou o diretor de campo da fundação.

O primeiro presidente da fundação foi o falecido dr. Keith Eltringham, professor de biologia aplicada na Universidade de Cambridge. O atual presidente é Bob Marshall Andrews, membro do Parlamento, e os fiduciários são Alan Toulson e Andrew Mortimer (todos velhos amigos e colegas de Tony na Mill Hill School, em Londres); Anthony Marrian, amigo queniano de George e Tony; o major Bruce Kinloch, ex-governador distrital no Quênia e supervisor de caça em Uganda, Tanzânia e Malauí; e Brian Jackman, o renomado jornalista especializado em vida selvagem e colunista do *Sunday Times*. Os fiduciários adicionais são John Rendall, Paul Chauveau, James Lucas,

Tim Peet e Peter Wakeham, que contribuem com seus conhecimentos e experiências relevantes para o desenvolvimento e a integridade do projeto. Também foram estabelecidos fundos nos Estados Unidos, no Quênia, na Tanzânia, na Alemanha e na Holanda.

Em 1989, a Royal Geographical Society sediou uma recepção para a GAWPT para marcar o lançamento do Projeto Mkomazi, na Tanzânia.

A Reserva de Vida Selvagem Mkomazi, no nordeste da Tanzânia, degradou-se com caçadas ilegais, queimadas e ocupações humanas desordenadas. Em 1988, o governo da Tanzânia decidiu restaurar a reserva como uma área selvagem. Tony Fitzjohn, juntamente com a GAWPT, recebeu a oportunidade de trabalhar em parceria com o governo em um programa multidisciplinar de reabilitação, englobando a restauração do hábitat, o desenvolvimento de infraestrutura e programas para espécies ameaçadas, como o cachorro selvagem africano e o rinoceronte-negro, programas de desenvolvimento comunitário para os vilarejos ao redor da Reserva Mkomazi e um programa de educação ambiental para os estudantes desses vilarejos.

Vinte anos depois, Tony e a GAWPT podem orgulhosamente mostrar que o apoio financeiro de amigos generosos e de vários fiduciários caridosos resultou na elevação do status da Reserva de Vida Selvagem Mkomazi para parque nacional, no estabelecimento de um santuário bem-sucedido para rinocerontes (o único da Tanzânia) e na implementação de um programa ainda operante de procriação cativa, apoio veterinário e reabilitação para o cachorro selvagem africano. Desde a morte de George, em 1989, o Parque Nacional de Kora se degenerou por falta de administração adequada, recursos e proteção contra a caça e o pasto ilegais. A fundação está negociando atualmente com o Serviço de Vida Selvagem do Quênia para retornar a Kora, restaurar o acampamento de George e reabilitar o parque.

George Adamson Wildlife Preservation Trust
16a Park View Road
Londres N3 2JB

Para obter mais informações sobre a GAWPT ou fazer uma doação para manter vivo o trabalho de George Adamson, acesse os seguintes sites:

No Reino Unido: www.georgeadamson.org
Nos Estados Unidos: www.wildlifenow.com

Em 1972, Ace e John voltaram para ver Christian. Novamente, ele tinha dobrado de tamanho, mas ainda se lembrava deles e os cumprimentou com o mesmo carinho.

Ace e John com Christian no rochedo, olhando o acampamento de George de cima.

ACE BOURKE nasceu em Sydney em 1946. Tornou-se um dos principais curadores de arte da Austrália, sendo pioneiro em arte aborígine e especialista em arte colonial, e realizou várias exposições aclamadas pela crítica. Ace espera se dedicar novamente a projetos de preservação da vida selvagem e ajudar a resolver questões urgentes relativas ao meio ambiente. Atualmente, vive em Sydney com seus dois gatos.

JOHN RENDALL é australiano e divide seu tempo entre Londres e Sydney. John continua seu compromisso com a George Adamson Wildlife Preservation Trust e é membro da Royal Geographical Society, em Londres. Trabalha como relações públicas em turismo, concentrando-se em projetos de preservação, hospedagens e reservas ambientais na África. Os três filhos de John compartilham sua paixão pela vida selvagem e pela preservação da natureza.

Christian observa seus domínios em Kora.

Editora responsável
Cristiane Costa

Produção editorial
Daniele Cajueiro
Gustavo Penha

Revisão de tradução
Mariana Gouvêa

Revisão
Claudia Ajuz
Eduardo Carneiro

Diagramação
Filigrana

Este livro foi impresso no Rio de Janeiro, em maio de 2009,
pela Ediouro Gráfica, para a Editora Nova Fronteira.
A fonte usada no miolo é Bembo, corpo 12/16.
O papel do miolo é couché brilho 104g/m^2,
e o da capa é couché brilho 150g/m^2.

Visite o site do livro: www.umleaochamadochristian.com.br